HAIR MODE URESTA!
人気スタイリストへの近道シリーズ vol.18

似合わせ力を向上！
デザインの幅を広げる「新ボブメソッド」

森 福充 [HEAVENS]

PROLOGUE

　この本には「いつもと同じ」になってしまいがちな、シンプルでベーシックなボブスタイルに、＋αの「特別感」を加えるための考え方とテクニックを詰め込みました。シンプルボブには時代性に左右されない美しさがあります。でも、そればかりではお客さまを満足させ続けることはできません。かといって特殊な提案が必要かというと、そればかりが大切なわけでもありません。シンプルな技術でも、そのさじ加減や組み合わせで、デザイン的なバリエーションを広げていくことは可能です。また、それが本書で目指したことでもあります。珍しい技術や、奇をてらったデザインは出てきません。ウイッグを使って素材の条件を統一し、仕上がりはもちろん、カットプロセス１点１点の写真にもこだわり、誌面も視覚的・直感的に分かりやすい構成を目指しました。ページをめくっていくと、シンプルボブのポテンシャルが再認識できるはず。そしてサロンワークの可能性が広がっていくことを感じてもらえると思います。

森 福充 [HEAVENS]

CONTENTS

第1章
005　Introduction〜 "鉄板脱出"のポイント
- 006　「鉄板」を脱出して、「ボブスタイル」の可能性を広げよう！
- 007　2つのボブを徹底比較！「ベーシック」と「ベーシック+α」の特徴
- 008　徹底比較1／フロント
- 010　徹底比較2／サイド・顔まわり
- 012　徹底比較3／サイド・バック
- 014　徹底比較4／バック
- 016　「ベーシック」と「ベーシック+α」をつくるカットのテクニック図鑑
- 018　カットテクニックの落とし込み方
- 020　新ボブメソッドミニ講座 問題と答え

第2章
021　フォルム編：ウエイトコントロール
- 022　Introduction ウエイトコントロールの指針
- 023　素材がすべての基点になる ウエイト設定&設計のための基準
- 024　ベーシックからのウエイト展開 2つの鉄板バランス構成法
- 026　ウエイト操作に必要な カットプロセスコントロール
- 028　ベーシック+αの応用編 基準点を活用したウエイト操作術
- 030　ウエイトのバリエーションを広げる カットのプロセスコントロール
- 036　新ボブメソッドミニ講座 問題と答え

第3章
037　ディテール編：軽さと動きとテクスチャー操作
- 038　Introduction ボブにおける"ディテール"とは？
- 038　step1 フォルムに対して作用させるディテール操作
- 039　step2 ニュアンス調整のためのディテール操作
- 040　case1／+α variation1 短め水平ボブのディテール操作
- 044　case2／+α variation2 マッシュ系ボブへのディテール操作
- 048　case3／+α variation3 「前上がり&前下がりMIX-1」へのディテール操作
- 052　case4／+α variation4 「前上がり&前下がりMIX-2」へのディテール操作
- 056　新ボブメソッドミニ講座 問題と答え

第4章
057　バランス編：長さとラインと重量感
- 058　Introduction "バランスを変える"というアプローチとは？
- 058　バランスを変えればデザインが広がる
- 059　バランスの基準となるデザイン要素
- 060　検証1「長さ」のバランス／アウトラインと前髪
- 064　検証2「線」のバランス／直線と曲線
- 068　検証3「重量感」のバランス／重さと軽さ
- 072　検証4「前髪」のバランス／長さと軽さ
- 074　新ボブメソッドミニ講座 問題と答え

第5章
075　新ボブ「似合わせ」講座1：「重いけど動く」を似合わせる
- 076　Introduction "重いけど動く"を似合わせる
- 078　"重いけど動く"をつくるテクニック1 重軽ミックスで組み立てるフォルム
- 084　"重いけど動く"をつくるテクニック2 重軽バランスで組み立てるフォルム
- 090　新ボブメソッドミニ講座 問題と答え

第6章
091　新ボブ「似合わせ」講座2：「コントラスト」を似合わせる
- 092　Introduction "コントラスト"を似合わせる
- 094　"コントラスト"をつくるテクニック1 軽い前髪×重いアウトライン
- 100　"コントラスト"をつくるテクニック2 重い前髪×軽いアウトライン
- 106　新ボブメソッドミニ講座 問題と答え

第7章
107　新ボブ「似合わせ」講座3：「組み合わせ」で似合わせる
- 108　Introduction デザインの"組み合わせ"によって似合わせる
- 109　バックの長さ&ウエイトの土台を固定して 2つのシンプルボブに落とし込む
- 110　シンプルボブのデザイン幅を "組み合わせ"で広げるテクニック
- 110　step1 バックのフォルムの土台をつくる
- 112　step2 前下がり系のボブをつくる
- 116　step3 前上がり系のボブをつくる
- 120　step4 前下がり系と前上がり系 2つのボブのデザイン的な違い
- 122　新ボブメソッドミニ講座 問題と答え

URESTA! 人気スタイリストへの近道シリーズ 18

似合わせ力を向上！
デザインの幅を広げる「新ボブメソッド」

―― 第 1 章 ――

Introduction
"鉄板脱出"のポイント

サロンワークでも大活躍の「シンプルなボブスタイル」。ミニマムなそのデザインには、
普遍的な美しさがある反面、「つくり手の個性」を落とし込むことが難しいと言えるでしょう。
本章では、そうしたシンプルボブに、より幅広いデザイン性を持たせるための基本を整理します。

CONTENTS

- 第1章　**Introduction～"鉄板脱出"のポイント**
- 第2章　フォルム編：ウエイトコントロール
- 第3章　ディテール編：軽さと動きとテクスチャー操作
- 第4章　バランス編：長さとラインと重量感
- 第5章　新ボブ「似合わせ」講座1：「重いけど動く」を似合わせる
- 第6章　新ボブ「似合わせ」講座2：「コントラスト」を似合わせる
- 第7章　新ボブ「似合わせ」講座3：「組み合わせ」で似合わせる

「鉄板」を脱出して、「ボブスタイル」の可能性を広げよう！

ベーシックなボブの美しさは、誰もが認めるところ。「鉄板」とも言えるそのデザインは、
サロンワークでも幅広く使えるでしょう。でも、少し考えてみてください。
ベーシックなボブは、それで完結しているために、あなたの個性が負けてしまうこともあるのでは？
本書では、そうしたベーシックそのものの強度をより高めながら、デザインの振り幅を広げ、
つくり手の個性、つまりオリジナリティを加えていく方法論をひも解いていきます。

ベーシックなボブ

ベーシックなボブとは……

- あらゆる「ボブスタイル」の出発点
- 提案する側される側、双方にとって安心感のあるスタイル
- 正確にカットできれば大ハズシはない
- 日本人に似合わせやすいかたち（フォルム）
- カットテクニックを発揮しやすいデザイン
- 「重さ重視」の時代性にはそのままフィットさせられる

▽

まずはこのベーシックなボブを切れるようになることが重要！

2つのボブを徹底比較!
「ベーシック」と「ベーシック+α」の特徴

ベーシックでシンプルなボブスタイルには、「鉄板」とも言える美しさがあります。つまりそれは、すでに完結しているデザインということ。そのベーシックなデザインの美しさやバランスを崩さず、提案する側される側、双方の「らしさ」を表現するためには、ベーシックの精度を高めつつ、それをベースにピンポイントでデザイン要素をコントロールする力が必要です。そして、そこで大切になるのが、「重いけど軽さを感じる」「動きがあるけどきれいなフォルム」など、「○○だけど○○」というアプローチ。本書で掘り下げるのは、こうしたアプローチを軸に、ベーシックなボブに「+α」のデザイン的な味つけを施すことで、オリジナリティを高めるテクニックです。

本章はその入り口として、「ベーシックなボブ」と、森教授流「ベーシック+αのボブ」それぞれのテクニック的、デザイン的な特徴を徹底的に比較&解説。ベーシックなボブにオリジナリティを加え、「鉄板」を脱出するために必要となるアプローチを浮き彫りにしていきます。

ベーシック+αのボブ

ベーシック+αのボブとは……

- より繊細なニュアンスを表現できる
- より幅広い女性像にフィットさせられる
- 「軽さ重視」の時代性にもフィットさせられる
- より幅広い年代、テイストのお客さまに似合わせられる

「+α」の味つけでは「○○だけど○○」という発想がカギになります!

これらのスキルを磨くことが、本書の落としドコロ。

というわけで……

次のページから、まずは本書の軸となる上の2スタイル ベーシックなボブ ベーシック+αのボブ それぞれのデザイン&テクニックの要点を徹底解剖していきます!

「ベーシック」&「ベーシック+α」徹底比較1／フロント

まずはフロントビューから検証。ベーシックと+αデザイン、フォルムのシルエット自体はほぼ変わりませんが、顔の見え方や印象には大きな違いがあります。その要因は何かを考えながら、2つのデザインを見比べてください。

ベーシックなボブ

「面」のツヤ感を重視

正確な切り口を積み上げ、表面を傷つけないようにし、スリークに仕上げることがベーシックなボブの基本。これを実現させるには、正確にスライスをとり、パネルを引き出し、まっすぐな切り口を積み重ね、つなげていくこと。そうしたテクニックがなめらかな質感や、安定感のある重さにつながる。

前髪の長さ・幅・ライン設定

前髪の長さは目の上、つまり全体のレングスの約1/2に設定。幅も正中線からシルエットの外枠までの約1/2にあたる（厚みの約1/2）、目尻とこめかみの間に決めるとバランスをとりやすくなる（ウイッグの種類にもよる）。ラインは骨格の丸みに合わせ、自然にラウンドさせるとフィットしやすい。

全体のレングス設定が命！

今回のベーシックボブは、レングスをあご下約5cmに設定。この長さにしておけば、ボブの魅力である「フォルム」や「面」の表情を生かすことが可能。また、サロンワークでも提案しやすいレングス（お客さまのテイストにもよる）とも言える。

ベーシック+αのボブ

表面に自然な立体感を

スリークな質感を残しながら、細かくやわらかな束感を加え、硬質な面の印象をやわらげている。ただし、シルエット自体はベーシックボブのままキープ。表面の質感や厚みの印象など、デザイン上のディテール調整だけで、デザイン自体はシンプルなまま、イメージの幅を広げている。

すき間と肌の見え方を操作

前髪の長さは変えず、すき間をつくってやわらかさをプラス。また幅を若干広げ、肌の見える範囲を少しだけ広くし、ベーシックなボブよりも明るいイメージに。なお、すき間をつくる際は、厚みの削りすぎや、肌の透けすぎに注意。厚みとラインの印象を残したほうが、フォルムや重さとのバランスをとりやすい。

フォルムに浮遊感を加える

レングスは変えず、毛先の厚みを調整。すその厚み自体が薄くならないようにし、束感や毛流れが出るようにハサミを入れ、「重いけれども軽さを感じる」状態に。そうすれば、フォルムの形状や安定感を崩さず、軽やかな印象を加えることができる。

「ベーシック」&「ベーシック+α」
徹底比較2／サイド・顔まわり

続いては、前髪〜顔まわりを中心にしたサイドビューで、2つのボブの特徴をチェック。
こちらもフロントビューと同様、顔の見え方が大きく変わります。
デザイン的なポイントになるのは、サイドのエッジと、アウトライン際のニュアンス。

ベーシックな
ボブ

フラットなフロント

フロント〜前髪は、骨格に沿って均等に厚みをつくることがベーシックボブの基本。また「硬質さ」を重視し、表面には段をつけず、ツヤ感重視の質感に仕上げている。なお、毛先の厚みによってラインの存在感が際立つため、顔と髪とのコントラストが高まり、ヘアスタイルそのものの主張が強くなる。

厚みを生かした
直線的な重なり

ベーシックなボブの鉄則とも言える、アウトラインの厚みの影響により、顔まわりは重く直線的で、静か、クール、大人しいといったイメージの源に。また、ベーシックなボブの顔まわりには「毛先」が存在しない（しかも髪が真下に落ちる）ため、厚みの存在感が強く、顔とのコントラストが高くなる。

毛先は内におさめる

毛先の重なりで構成されるすそまわりは、厚みをしっかりと残すが、アウトラインを内側におさめたほうがきれいにまとまるため、少しだけ段（グラデーション）をつけている。また前髪や顔まわりに比べ、少しやわらかさが感じられるものの、ボブの命とも言うべき「ライン」の存在感をしっかり出している。

ベーシック＋αの
ボブ

毛先の軽さがつくる表情の変化

毛先にすき間をつくってやわらかさを加えているため、「ベーシック」ではなめらかな「面」だった部分に、ほんの少し束感ができている。表面の重さやシルエットにはさほど変化がないものの、この束感によってフォルムに奥行きが出ている。

面の重さに加わる浮遊感

前髪〜フロントと同様、毛先（すそまわり）に軽さややわらかさを出していることが影響し、顔まわりにも浮遊感、束感が出て、フォルムにやわらかさを感じる仕上がり。また毛先は内に入り込むように厚みと段がキープされているため、束感に自然なアールがつき、顔まわりの立体感がアップしている。

厚みと抜け感を両立

顔まわり〜サイドのすそは、ボブスタイルの要。「＋α」では、安定感のベースとなる厚みを残しながら、軽さや抜け感が加えられ、フォルムや表面に浮遊感が生まれている。なお、こちらもベーシックと同様、ラインの存在感はキープ。

「ベーシック」&「ベーシック+α」徹底比較3／サイド・バック

顔まわりのルックスと同様、バック側のサイドビューにも、ボブスタイルの「持ち味」が詰まっています。デザイン要素を絞ったシンプルなボブでは、質感、ウエイト、アウトラインなど、少ないデザイン要素のバランスが、女性像に直結します。

ベーシックなボブ

面のツヤをつくる重量感

サイド〜バックのなめらかな「面」は、ベーシックなボブスタイルの大きな魅力。しっかりとしたツヤが出るよう、段差をつけず、量感調整も内側のみにとどめ、髪の厚みでフォルムを構成。重さを残しながら、髪1本1本、パネル1枚1枚を積み上げるイメージでカットする。

重量感・安定感が満載のウエイト

ベーシックなボブの魅力であり、特徴的なデザイン要素がフォルムのウエイト感。これは毛先の密な段差や、その正確な重なりによってコントロールされる。またレングスに対するウエイトの高さや、そのつながり（ウエイトライン）がなめらかであることも大きなポイント。

均質なアウトライン

アウトラインのポイントは、均質な厚みづくりとウエイトに対するメリハリ。これらは手グシを入れても崩れないよう、造形的にしっかりとつくっておく必要がある。またベーシックなデザインでは、ラインの角度が女性像に直結。今回は、最もニュートラルな水平ラインに設定。

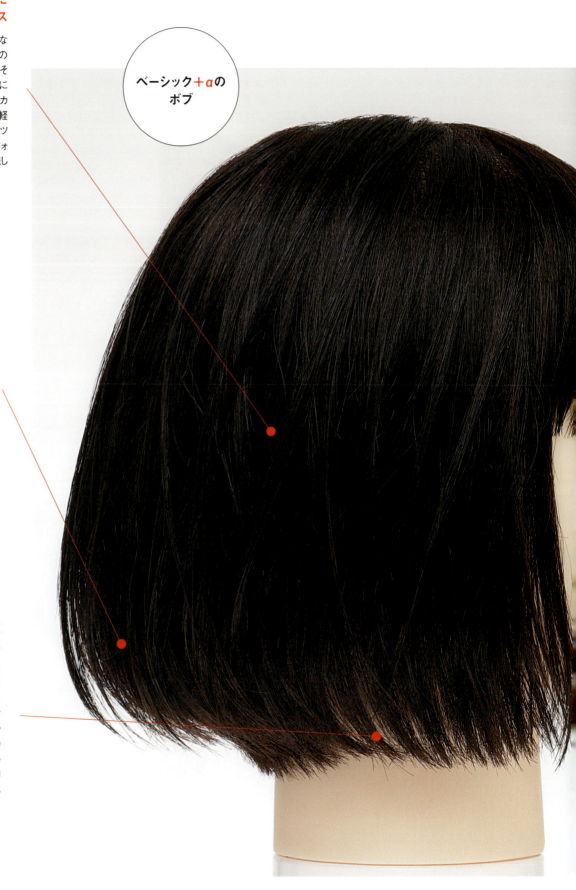

ベーシック＋αのボブ

表面はツヤ感に浮遊感をプラス

ベーシックなボブのなめらかな質感に、浮遊感を加え、少しの軽さと抜け感をプラス。また、それが緻密な「面」を立体的に見せ、フォルムの印象をややカジュアルにしている。ただし（軽さや抜け感があるとは言え）ツヤ感をキープさせるため、フォルム自体の重さはしっかり残している。

ウエイトまわりは抜け感とかたちを両立

フォルムのウエイトやその高さ、ウエイトラインはベーシックなボブとほぼ同じ。フォルムの「かたち」をキープし、量感を削りすぎないようにして、重さと動きを両立させている。なおフォルムのエッジとなる毛先付近に抜けや束感をつくったことで、ウエイト付近にも軽さや動きができている。

ラインの主張に抜け感をプラス

レングスやアウトラインの角度はベーシックなボブと同様。そこに軽さや透け感を加え、ウエイト感とメリハリをつけながら、ラインの印象をしっかり残している。これはすその厚みをキープし、重さを残しながら、毛流れや抜け感をコントロールするカットを施すことがポイントになる。

「ベーシック」&「ベーシック+α」
徹底比較4／バック

最後に検証するのはバックビュー。ここでは「顔」が見えない分、フォルム自体の精度が問われる、と言えます。表面の質感、ウエイト、すそまわりの表情等、少ないデザイン要素をどう仕上げ、バランスをとるかがポイントになります。

ベーシックな
ボブ

なめらかなアウトライン

サイドビューと同様、一糸乱れぬなめらかなシルエットが、ベーシックなボブの特徴。骨格の曲面に対して重さを重ね、フィットさせていく、カットの正確性がストレートに表現される。また表面がスリークなので、フォルムを乱すハチの張りなど、骨格の特徴にしっかり対応できるカット技術が求められる。

しっかり主張させるウエイト感

バックビューにおいても存在感の大きいデザイン要素が、ウエイト。こちらもサイドビューと同様に、緻密に重さを積み上げていくことが重要。またそれに加え、骨格のカーブにフィットするように切り口を操作し、ウエイトラインをなめらかに仕上げることが必要となる。

フォルムを支える安定感

水平ラインのベーシックボブでは、アウトラインの正確性はもちろん、ウエイト付近の重さに対するバランス感や、首へのフィット感も重要で、それがデザインの安定感に大きく影響する。しっかりと厚みを残し、それでいて首筋に吸いつくような重さや毛先の表情づくりがポイント。

ベーシック＋αの
ボブ

シルエットはしっかりキープ
表面に束感、浮遊感を加えているが、シルエットのなめらかさが損なわれないように仕上げるのがポイント。従って、ベーシックなボブと同様、厚みや重さを残しながら、切ったパネルを重ね、そこに毛流れや軽さを出していく、というアプローチが必要。またそうした浮遊感の調子が、似合わせに直結する。

浮遊感でフォルムに奥行きを
緻密な髪の重なりでフォルムをつくるベーシックボブに対し、こちらでは表面に束感を重ねて奥行きを出している。重さの中にこうした束ができると、動き、軽さ、抜け感といった表現につながり、幅広い女性像にフィットさせられる。ただし、ベースとなる重さや厚みを削りすぎないようにしている。

抜け感と安定感の両立
ウエイト付近の抜け感に合わせ、首が透けるネープ周辺にもすき間をつくっていて、全体的に優しい印象につなげている。ただしボブのフォルムの安定感をキープするため、こちらもベーシックボブと同様、厚みはキープして重さを残し、首に吸いつくようなフィット感を出している。

「ベーシック」と「ベーシック+α」をつくる
カットのテクニック図鑑

それではここで、本書で採用する、基本的なツールとカットテクニックを解説します。
「+α」とは言え、特殊な技術を用いるわけではありません。ツールは3つ、テクニックは7つ。
これだけで、「ベーシック」と「ベーシック+α」をつくり分けていきます。

ブラントカット

最も基本的な切り方。引き出したパネルに対し、横〜斜めにシザーズをあてて切る技法。毛先に厚みが残るため、重さを出したい場合に向く。ほとんどの場合、ウエットの状態で行なうベースカット(レングス、グラ、レイヤーカット)でのみ採用。

[TOOL 1　カットシザーズ]

通常のカットシザーズ。著者は約5.7インチのシザーズを使用。こちらの使い方は、パネルに対して横〜斜めに入れる(ブラント)か、縦〜斜めに入れる(チョップ)かのみ。

セニングカット(ウエット)

毛量がかなり多い場合、または大きく量感を減らしたい場合にのみ行なう。ベースカット(ウエット)の段階で、素材対応の一環として施す技術。一度で大きく量を減らせるため、効率は良いが、減らしすぎるというリスクも。基本的に中間(毛先寄り)〜毛先に施す。

[TOOL 2　セニングシザーズ]

スキ率約25%で片刃のセニングシザーズ。毛量調整のほか、毛先のニュアンス調整などにも使用。デザインづくりと言うよりは、毛量や髪質といった素材への対応に用います。

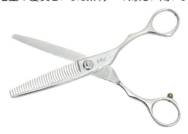

スライドカット(ドライ)

[TOOL 3　笹刃シザーズ]

刃がR状にカーブしていて、カット時に「逃げ」が利きやすい、笹刃タイプのカットシザーズ。開閉して切ることはなく、スライドカットでのみ使用します。

チョップカット（深め／ドライ）

引き出したパネルに対し、縦に深くシザーズを入れる技法。基本的にドライカットの工程で採用し、切り口の厚みや軽さ、すき間や束感の調整などに用いるテクニック。シザーズを斜めにすると、切りすぎてしまい、ラインや段が崩れてしまうので注意。

チョップカット（浅め／ウエット）

引き出したパネルに対し、シザーズの刃先を斜め〜縦に浅く入れ、細かく開閉させる技法。おもに「＋α」のデザイン的な味つけや、ベースカット（ウエットカット）で毛先にやわらかさを出しておきたい場合に採用。ラインや段のカットなど、広範に用いる。

毛先セニング（ドライ）

目指す仕上がりに合わせ、おもに前髪やすそのアウトライン際に施すテクニック。ベースカット後、毛先の厚みやラインの印象が強すぎる場合、毛束をつまんで刃先を縦〜斜めに入れ、ラインをぼかし、毛先を肌にフィットさせる。抜け感調整に用いることも。

セニングカット（ドライ）

毛量調整のための技法。ベースカット後、フォルムの厚みやサイズが大きすぎる場合に行なう。短い毛ができるため、ボブへの施術では表面をはずすことが多い。均一に入れるのではなく、素材の状態と仕上がりのフォルムに合わせ、おもに中間〜毛先に施す。

スライドカットは、ベースカット後、毛流れを操作するために施す技法。毛流れと同時に、すき間（束感）づくりや量感調整の効果もある。目指す仕上がりに合わせ、基本的に刃を開いた状態で中間から入れ、そのまま毛先に向かって滑らせるようにしてカットする。

カットテクニックの落とし込み方

第1章の最後に、前ページで紹介したカットの各種技法が「ベーシック」なボブ、「ベーシック+α」のボブそれぞれのどこに落とし込まれているかを解説。シンプルなボブは、テクニックの精度がそのまま反映されるもの。技術と仕上がりを比較しながら読み進めてください。

ベーシックな
ボブ

前髪：ブラントカット

前髪は基本的にブラントカットのみ。パネルを引き出し、長さとラウンドの角度をブラントカットで決めているが、ウイッグの生え際にあるクセを整えるため、ハサミの刃先で微調整を施している。

アウトライン～段：
ブラントカット＋毛先セニング（ドライ）

アウトラインとワンレングス～グラデーションは、ウエットな状態で施すブラントカットで形成。さらに素材対応の一環として、アウトライン際の厚みを整えつつ、ほんの少しやわらかさを出すため、ドライの状態で毛先セニングを入れている。

前髪：
ブラントカット＋チョップカット（深め／ドライ）

前髪は、ブラントカットで長さと毛先の厚みを決め、ドライ後に深めのチョップカットですき間をプラス。またハサミを入れるごとに深さを調整し、束感や抜け感にリズムをつけながら、すそまわりのニュアンスとバランスをとっている。

顔まわり：
スライドカット

アウトラインをカットし、ワンレングス～グラを正確に積み上げてフォルムをつくった後、顔まわりにはスライドカットを入れ、毛流れを調整。ただしすそ厚みを削りすぎないよう、少しずつカットし、フォルムの厚みに対する浮遊感をコントロール。

アウトライン～段：
ブラントカット＋毛先セニング（ドライ）

ベーシックなボブと同様、アウトラインはブラントカットで切り進め、フォルムのベースをつくる。そこに上記の「スライドカット」を加えた後、最終的にフォルムや首～顔まわりに対するすそのフィット感を上げるため、毛先セニングでライン際をぼかしている。

「毛量調整」は全体に施術

目指す仕上がりに対し、（ウイッグの）素材対応の一環として、ベーシック、＋αとも、全体に「セニングカット（ドライ）」を施している。

ベーシック＋αのボブ

まとめ

本章では、まずはシンプルなボブの
「ベーシック」と「ベーシック+α」のデザイン的、
テクニック的違いについて解説しました。
ボブのデザイン的な可能性を広げるために必要なのは、
特殊な技術や奇をてらったデザイニングではありません。
ニュアンス操作の視点こそが、
ボブを「あなたらしく」してくれます。

次の章はボブスタイルの要、フォルムのウエイト操作について深掘ります。

第1章
さらに役立つ！ 新ボブメソッドミニ講座

「深めのチョップカット」は、どんなときに使うのが正解でしょうか？

Ⓐ ベース（ウエット）カットで軽さを出したいとき
Ⓑ ドライカットで抜け感や毛流れを調整したいとき
Ⓒ ドライカットで束感や量感を調整したいとき

模範解答

正解は「C」。

「ドライの状態で深めのチョップカット」は、抜け感や毛流れを調整することも可能ですが、本章では束感や量感の調整に用いました。なお、毛流れは「スライドカット」で調整しています。

URESTA! 人気スタイリストへの近道シリーズ 18

似合わせ力を向上！
デザインの幅を広げる「新ボブメソッド」

—— 第2章 ——

フォルム編
ウエイトコントロール

シンプルボブの要(かなめ)とも言うべきデザイン要素が、フォルム。
そのデザイン的な振り幅を広げてくれるのが、かたちに対するウエイトのコントロールです。
本章では、フォルム操作につながるウエイト展開術をひも解きます。

CONTENTS

第1章　Introduction〜"鉄板脱出"のポイント
第2章　フォルム編：ウエイトコントロール
第3章　ディテール編：軽さと動きとテクスチャー操作
第4章　バランス編：長さとラインと重量感
第5章　新ボブ「似合わせ」講座1：「重いけど動く」を似合わせる
第6章　新ボブ「似合わせ」講座2：「コントラスト」を似合わせる
第7章　新ボブ「似合わせ」講座3：「組み合わせ」で似合わせる

Introduction

ウエイトコントロールの指針

ボブのフォルムを幅広く展開させていく上で必要なのが、ウエイトの操作。
ウエイトとはフォルムの重心であり、その位置（ウエイトポイント）や流れ（ウエイトライン）の構成が、
仕上がりのイメージに直結します。この操作法を掘り下げる前に、第1章でも紹介した、
本書におけるベーシックなボブスタイルのウエイトバランスを検証。
「鉄板」とも言える美しいフォルムは、どんなウエイトで成立しているかを知ることから始めます。

ベーシック

「水平ラインのボブ」のウエイト構成

←─── ウエイトライン   ←----- アウトライン

アウトラインは水平（耳上よりバック側は、生え際のかたちに合わせて自然に下降）で、レングスはあご下1cm程度。これに対し、ウエイトはリップ付近の高さで、ウエイトラインがアウトラインと平行に形成されています。このデザインが本書で「鉄板」とする、ベーシックなボブスタイルのウエイト構成。ここを基点に、ウエイトを展開＝フォルムを展開させていく方法を掘り下げていきます。

素材がすべての基点になる
ウエイト設定＆設計のための基準

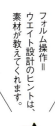

フォルム操作＝ウエイト設計のヒントは、素材が教えてくれます。

ウエイトをコントロールする際、つくり手の感覚はもちろん大切ですが、それに加えて「基準とする点」を明確にしておくと、デザイン設計が合理的になります。また前後左右のバランスが崩れるといった、ウエイト設計の失敗を防ぐだけでなく、お客さまの髪や骨格の特徴にフィットしたフォルムを提案することも可能。レングスを決めたら、そのアウトラインだけでなく、ここでピックアップする「基準点」をしっかり意識し、カットプロセスを組み立てることが、ボブの「ベーシック」はもとより「ベーシック＋α」のクオリティアップにつながります。

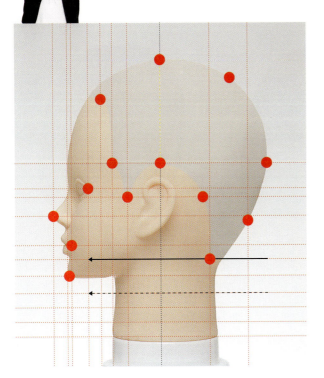

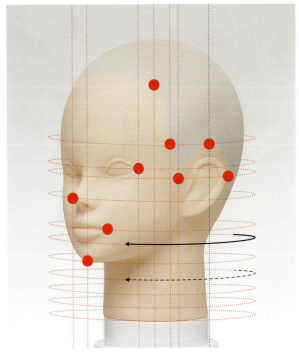

[ウエイト設定＆設計の基準点]

ウエイトを展開させる上で基準となる点は、「生え際」「顔パーツ」「骨格」それぞれにおける任意の点。ここで取り上げる点を「目指す」もしくは「基点にする」カットプロセスを設計すれば、迷うことなく美しいフォルムをつくれるようになる。

生え際の部

・耳上　・耳後ろ　・もみあげの先端　・こめかみ　・三ツ衿　・額のカド

顔パーツの部

・目尻　・リップ　・鼻先　・あご先

骨格の部

・バックポイント　・ぼんのくぼ　・ゴールデンポイント　・トップポイント

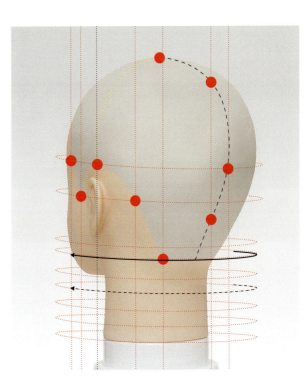

ベーシックからのウエイト展開
２つの鉄板バランス構成法

続いては、「水平ラインのボブ」とならんで「鉄板」と言える、超シンプルな「前上がり」と「前下がり」のボブスタイルにおけるウエイトの構造をチェックしていきます。
前ページで解説した「水平ラインのボブ」と比べ、ウエイトの基準がどう変わっているかに着目してください。

ベーシック＋α1

前上がりのボブ

アウトラインを前上がりにしたシンプルボブ。イヤーツーイヤー上の長さを「水平ラインのボブ」と合わせており、バックはやや長め、顔まわりはやや短めに設定。ほぼワンレングスだが、すそを内側におさめるため、バックから毛先にグラを入れ、顔側に向かって段を閉じている。

ウエイトの構成

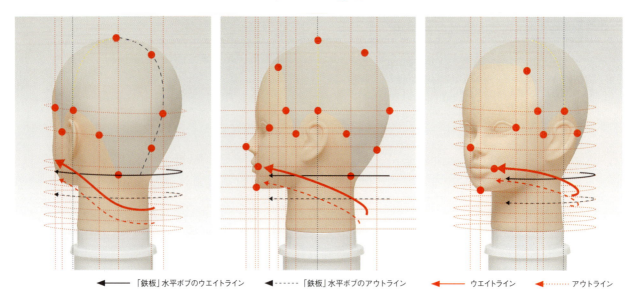

←―― 「鉄板」水平ボブのウエイトライン　　←･･･ 「鉄板」水平ボブのアウトライン　　←―― ウエイトライン　　←･･･ アウトライン

アウトラインは「水平ラインのボブ」のイヤーツーイヤー上の長さを基点に、顔側は口角とあご先の間、バックは三ツ衿から4cm程度の長さを結ぶラインに設定。ウエイトラインは、このアウトラインと平行に設定し、バックからリップラインの高さに向けてつくられている。

ベーシック+α2

前下がりのボブ

アウトラインを前下がりにしたシンプルボブ。イヤーツーイヤー上の長さを「水平ラインのボブ」と合わせており、バックは短めで、顔まわりに長さを残している。こちらもほぼワンレングスだが、バックから毛先にグラを入れ、顔側に向かって徐々に段を閉じている。

▼　　　　　▼　　　　　▼

ウエイトの構成

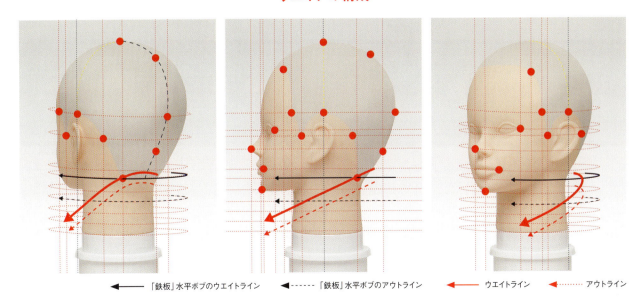

◀── 「鉄板」水平ボブのウエイトライン　　◀---- 「鉄板」水平ボブのアウトライン　　◀── ウエイトライン　　◀---- アウトライン

アウトラインは「水平ラインのボブ」のイヤーツーイヤー上の長さを基点に、顔側をあご下4cm程度、バック側を三ツ衿から1cm程度の長さに設定。ウエイトラインはアウトラインと平行で、バックは三ツ衿、顔側はあご下3cm程度の部分をつなぐ線上につくられている。

ウエイト操作に必要な カットプロセスコントロール

ここで解説するのは、前ページまでで紹介した「ベーシック＝水平ライン」のボブと、「ベーシック＋α」の「前上がり＆前下がり」のボブにおける、ウエイトづくりのためのカットのプロセス。すべての基準である「水平ライン」のプロセスから、実際にスライス展開やパネルの引き出す角度をどうコントロールすれば、フォルムのデザイン幅を広げられるのかを考えます。

アンダーセクション

［すべての基準　ベーシック　水平ラインのボブ　CUT PROCESS］

頭の丸みに対し、アウトラインはもとより、段差幅も水平かつ平行をキープ。カットする部位によって、スライスの角度とパネルの引き出す角度をコントロールする。

三ツ衿～顔まわりの生え際までは、毛先にグラがつくよう、少しリフトアップしてカット。バックはスライスの角度、三ツ衿～顔まわりはパネルの引き出す角度でグラを入れる。

正中線は縦スライスでガイドを設定。そこからスライスを徐々に斜めにしていき、顔まわりの最終パネルで完全に横スライスに移行。パネルの上端を結ぶ線が、床と平行になるように。

［ベーシック＋α1　前上がりのボブ　CUT PROCESS］

目指すアウトラインと平行なスライスからパネルをとり、段をつなげる。ただし引き出す角度をコントロールし、段差幅を「前に向かって閉じる」ように操作。

イヤーツーイヤー付近から徐々にパネルの引き出す角度を下げて切り進める。毛量（分量）が少なくなる最終パネルは、ほぼワンレングスでカットし、段差をコントロール。

正中線から顔まわりまで、すべて横スライスでカット。スライスに対して直角にパネルを引き出し、目指すアウトラインと平行にリフトアップしてつなげていく。

［ベーシック＋α2　前下がりのボブ　CUT PROCESS］

三ツ衿～顔まわりのグラデーションは、オーバーダイレクションでカット。頭の丸みになじむように段差幅を展開させ、アウトラインと平行なウエイトをつくる。

正中線～三ツ衿はオンベース。三ツ衿～顔まわりは、すべて写真の位置（の延長線上）にパネルを集めてカットする。後方に向けて段差が開くようにグラを構成。

正中線～三ツ衿付近は「水平ラインのボブ」とほぼ同様。三ツ衿からは後方にオーバーダイレクションをかけ、顔側に長さを残し、前下がりの段差幅をつくる。

オーバーセクション

頭皮に対してパネルを引き出す角度はアンダーと同様。バックはスライスの角度、三ツ衿〜顔まわりはパネルの引き出す角度で段をつなげる。

アンダーをガイドに、正中線は縦スライスで切り始め、顔まわりに向けて徐々にスライスを横へと展開。こちらもパネルの上端を結ぶ線が、床と平行になるように切り進める。

アンダーと同様、イヤーツーイヤー付近から徐々にパネルの引き出す角度を下げてカット。顔まわりは段をつけないよう、ほぼワンレングスでカットし、すその厚みをキープ。

アンダーをガイドに、オーバーも同様にカット。アウトラインと平行に、三ツ衿〜耳後ろ付近のパネルから前は、リップラインに向けてカットし、段をつなげる。

オーバーダイレクションをかける際、頭皮に対してパネルを引き出す角度は、アンダーと同様にしてカットする。段差幅を後ろ上がりにしつつ、アウトラインと平行なウエイトラインをつくる。

アンダーをガイドに、縦スライスで段をつなげていく。三ツ衿からはやはりオーバーダイレクションをかけ、顔まわりに長さを残しながらグラを入れる。

ベーシック＋αの応用編
基準点を活用したウエイト操作術

ここからは、前ページまでで解説した、シンプルボブのウエイト操作術の応用編です。「鉄板」である「水平ラインのボブ」に加え、「＋α1」「＋α2」として紹介した、ミニマムな前上がり、前下がりのボブをベースに、それぞれのウエイトコントロール法をアレンジ・ミックスさせ、基本形とする3つのシンプルボブとは異なったフォルムづくりを実践していきます。

ベーシック＋α2	ベーシック＋α1	ベーシック
前下がりのボブ	前上がりのボブ	水平ラインのボブ

こちらも「鉄板」に「＋α」を加えた、シンプルな前下がりのボブ。水平、前上がりに比べ、シャープ、クール、大人っぽいといった印象になる。

「鉄板」のフォルムに「＋α」を加えた、シンプルな前上がりのボブ。安定感に加え、ソフトで温かみのあるイメージを持つフォルム。

本書における、ベーシックの「鉄板」。抜群の安定感を持つボブスタイル。あらゆるボブスタイルの基点とするデザイン。

ウエイト展開をMIXしてさらなる「＋α」を

「鉄板」である「水平ライン」に、前上がり、前下がりを加えた3つがボブの三大フォルムと言える。次のページからは、この三大フォルムをベースに、23ページで解説した「素材における基準点」のつなげ方を変え、ウエイト展開にさらなる「＋α」を加え、フォルムをアレンジしていく。

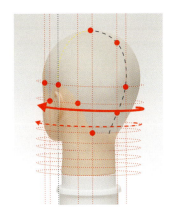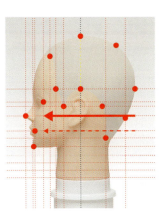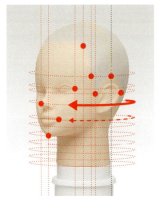

[+α variation 1]
「水平ライン」の カスタマイズ
ウエイトを鼻先の高さに

「鉄板」である、最もベーシックな「水平ラインのボブ」のレングスを短くし、ウエイトライン（アウトラインと平行）を鼻先の高さに設定。

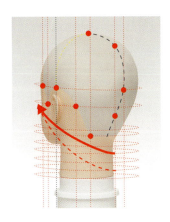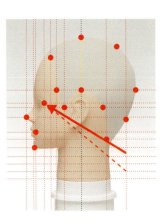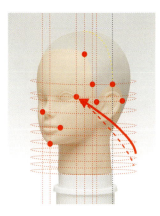

[+α variation 2]
「前上がり」の カスタマイズ
目尻に向かって上げる

「前上がり」のフォルムをベースに、目尻に向けてウエイトを上げる展開。イヤーツーイヤー（耳上）より顔側のみウエイトを変えていく。

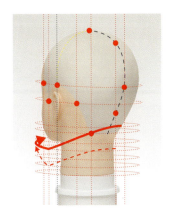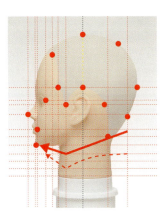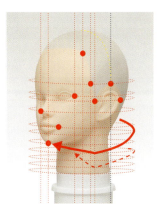

[+α variation 3]
前上がり& 前下がりMIX
前下がり→前上がりの構成

バック側は、もみあげの位置であご下1cmにウエイトがくるよう、前下がりに。そこから顔側は、あご先に向けて前上がりのウエイトをつくる。

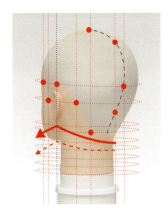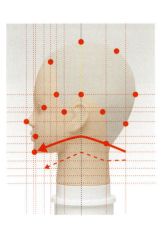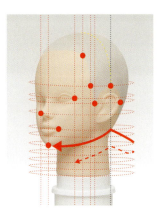

[+α variation 4]
前上がり& 前下がりMIX
前上がり→前下がりの構成

耳上（イヤーツーイヤー）を境にバック側は前上がりにし、顔側は前下がりに構成。ウエイトづくりの重点ポイントは、三ツ衿、耳上の位置でリップラインの高さ、あご先。

ウエイトのバリエーションを広げる
カットのプロセスコントロール

それでは次に、前ページで示した4つのフォルムバリエーションをつくるために必要な、カットのプロセスを解説します。なお、ここで紹介するカットプロセスの1つひとつは、すべて26、27ページで説明した、「鉄板」を含む3つのベーシックなボブを切るテクニックと同様。つまりミニマムなテクニックの組み合わせだけでも、ウエイト、ひいてはフォルムにデザイン的な幅を持たせることができるのです。

アンダーセクション

[+α variation 1]
「水平ライン」の
カスタマイズ
ウエイトを平行移動させる

パネルの引き出す角度は垂直線に対して45度。毛先に少しグラをつけ、すそまわりの毛先がしっかりおさまるように。この操作が、ウエイトとフォルムの印象を決定づける。

「鉄板」と同様、正中線に縦スライスでガイドをつくり、顔まわりに向かってアウトラインと段をカット。スライスも徐々に斜めにしていき、パネルの上端を結ぶ線が床と平行になるように。

「鉄板」の水平ボブと同様、アウトラインはもちろん、すそに入れる段差幅も床と平行に構成。またスライス展開も同様にし、レングスのみ短くして切り進める。

オーバーセクション

「鉄板」と同様、フォルムにおけるウエイト感がしっかり出るよう、またすそをきれいにおさめるため、頭皮に対してパネルを引き出す角度はアンダーと同様にし、グラをつなげる。

オーバーは、アンダーをガイドに、放射状にスライスをとってレングスと段をつなげる。パネルの上端を結ぶ線が、床と平行になるよう、またアンダーとのカドが残らないように切り進める。

仕上がりは P34

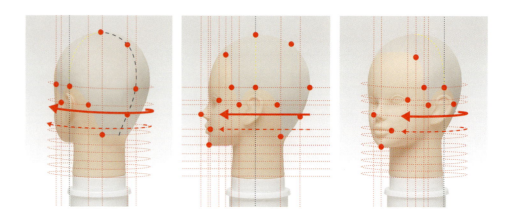

+α variation 2
「前上がり」のカスタマイズ
マッシュ系のウエイトづくり

ベーシックな前上がりをアレンジ。バックのフォルムはそのままに、サイド〜フロントのウエイトラインを目尻に向けて上げ、マッシュ系のフォルムに落とし込む。

バック

正中線からイヤーツーイヤー（耳後ろ）までは、26、27ページで解説した「前上がり」のカットプロセスと同様。バックをアンダーとオーバーに分け、レングス、段構成も同様に設定してカットする。

サイド〜フロント

こめかみ付近も同様にカット。ここは骨格の形状が大きく変わる部分なので、サイドよりスライスを細かく設定。さらにリフトダウンさせ、アウトラインと段をつなげる。

放射状にスライスをとり、耳前付近から目尻に向け、1つ前のパネルよりややリフトダウンさせ、アウトラインと段をつなげる。ここでもアウトライン上にカドが残らないように注意。

耳後ろより顔側は、すその厚みをキープするため、アンダー、オーバーと分けずにカット。耳上付近のアウトライン上にカドが残らないよう、目尻に向けて切る。

前髪とつながる部分（最終パネル）は、角度（頭皮に対して）がつかないように引き出してカットし、段を閉じる。またベーシックな前上がりのボブと同様の前髪（ワンレングス状）をつくるため、アウトラインの角度も調整する。

放射状のスライスからパネルを引き出し、骨格の丸みに合わせてまわり込みながら、目尻に向かってアウトラインと段をつなげる。この段階でウエイトラインがほぼ形成される。

仕上がりは P34

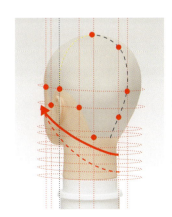 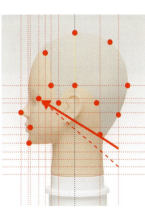 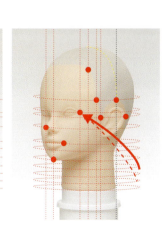

[+α variation 3
前上がり&前下がりMIX
「下げて上げる」ウエイト展開]

ベーシックなフォルムにおける、ウエイトのパターンをミックスすれば、新しいフォルムをつくることが可能。まずはバックを下げて、フロントを上げる展開から解説。

○ アンダーセクション

正中線から耳上までは、ベーシックな前下がりをつくる工程と同様にカット。三ツ衿から耳上は、後方にオーバーダイレクションをかけ、段差幅も前下がりに。

耳上付近から、パネルの引き出す方向をチェンジ。引き出す角度はバック側（前下がり）とほぼ同様だが、顔側にオーバーダイレクションをかけ、段をつなげる。

パネルの引き出す方向は、側頭部の骨格からほんの少しリフトアップさせる程度。アウトラインは耳上付近に極端なカドを残すイメージでカットし、段差幅はやや前上がりに。

○ オーバーセクション

オーバーはアンダーをガイドに段をつなげる。正中線に縦スライスをとり、2線目以降は放射状に展開させ、三ツ衿〜耳上の垂直線上は、後方にオーバーダイレクション。

耳上付近からは前方にパネルを引き出してカット。引き出したパネルに対し、切り口の角度を低めにして、毛先がおさまる（ウエイトがきれいに出る）ようにカット。

顔まわりをリフトアップしてカットすると、毛先に段がつきすぎ、ウエイトが出にくくなるので注意。しっかりとオーバーダイレクションをかけ、同位置でつなげる。

仕上がりは P35

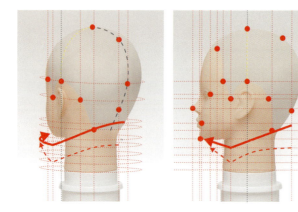

[+α variation 4
前上がり&前下がりMIX
「上げて下げる」ウエイト展開]

もう1つのミックスパターンは、バックのウエイトを前上がり、フロントを前下がりにする展開。シンプルで、しっかりとした厚みのあるフォルムでも、こうしたウエイトコントロールで、デザインはもちろん、イメージの振り幅を広げることができる。

アンダーセクション

すべて縦スライスでカット。正中線〜三ツ衿付近はスライスに対して90度、耳後ろからは前方にパネルを引き、水平〜前上がりのアウトラインと段差幅に切り替える。

耳前付近〜顔まわりは、後方にオーバーダイレクションをかける。アウトラインはもとより、段差幅を前下がりにしつつ、前方に向けて「段が閉じていく」ようにし、ウエイトラインを操作。

パネルはほとんどリフトアップせず、低めのグラをつなげながら、オーバーダイレクションで段差幅をコントロール。切る位置はもちろん、引き出す角度もしっかり固定。

オーバーセクション

オーバーは放射状にスライスを展開。パネルを引き出す方向は、アンダーと同様に耳後ろ付近で切り替え、水平〜前上がりのアウトラインと段をつなげる。

耳前付近〜前髪の際部分までは、アンダーと同様、後方にオーバーダイレクションをかける。アンダーをガイドに、前下がりのアウトラインと段差幅をつなげる。

パネルを引き出す角度（頭皮に対する角度）は、リフトアップさせすぎないよう、アンダー、オーバーともに低め（固定）にし、すそまわりにしっかりと厚みが残るようにする。

仕上がりは P35

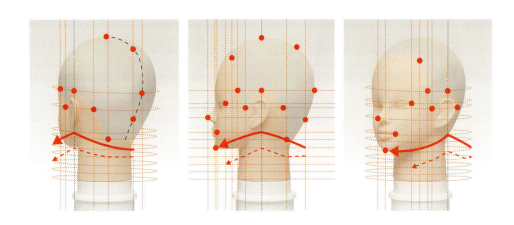

[+α variation 1 　「水平ライン」のカスタマイズ　CUT FINISH]

水平ボブのレングスを短くすると、タイトかつコンパクトな印象が一気に強まる。数多あるヘアデザインの中で、特にボブスタイルは、フォルムが小さくなるほどかたちの変化とイメージとの関係が密接になる。そうした時こそ、素材という基点を目安にすれば、安定したバランスが得られる。

[+α variation 2 　「前上がり」のカスタマイズ　CUT FINISH]

前上がりのウエイトラインの角度を「上げ続ける」と、デザインとしてはマッシュ系のボブに近づいてき、フォルムはどんどん流線型になる。その度合いが高まると、顔に対するフィット感が薄れていくが、素材の基点に合わせてウエイトラインを設計すれば、フォルムがしっかりフィットしてくれる。

[+α variation 3
前上がり&前下がりMIX
CUT FINISH]

シンプルな前下がりのボブは、シャープかつクールな印象が強い。従って、ベーシックなフォルムのままだとサロンワークに落とし込みにくいこともあるが、少しだけ前上がりのウエイトラインを加えると、前下がりのイメージにやわらかさを加えることができるため、汎用性が高まる。

[+α variation 4
前上がり&前下がりMIX
CUT FINISH]

バックのウエイトを下げる(前上がり)と、フォルムの丸みや重さが強調され、キュート感が増す。なお顔まわりは前下がりではあるが、この場合はバックのフォルムに対するディテールになっているため(分量的なバランスによる)、シャープさはおさえられ、むしろキュート感を際立たせている。

まとめ

本章はボブスタイルの要、
フォルムのコントロール方法についてひも解きました。
ベーシックなテクニック、
ミニマムなデザイン的アプローチでも、
「素材中の基点設定」と、
「基点に対するウエイト設計」ができれば、
ボブスタイルはシンプルなまま、デザイン的、
イメージに的に、どんどん幅を広げることができるのです。

次の章ではボブのフィット感を
グッと高めてくれる、
ディテールの操作術をお届けします。

第2章
さらに役立つ！ 新ボブメソッドミニ講座

顔パーツの中で、ウエイト設計の基点にしやすいのは、目尻、リップ、鼻先、あとはなに？

- **A** あご先
- **B** 眉山
- **C** アイホール
- **D** 黒目

模範解答

正解は「A」。
ウエイト設計の基点は、「点」が存在する箇所を基準にするのがベター。眉山、アイホール、黒目は「中に「点」を見出しにくいので正解外です。

URESTA! 人気スタイリストへの近道シリーズ 18

似合わせ力を向上！
デザインの幅を広げる「新ボブメソッド」

―― 第3章 ――

ディテール編
軽さと動きとテクスチャー操作

ボブスタイル最大の特徴とも言うべき要素が、フォルム。そして、このフォルムの
デザイン的な振り幅を広げてくれるのが、ディテールの操作です。本章では、ボブのかたちをキープしながら
軽さ、動き、テクスチャーを加えるテクニックを解説します。

CONTENTS

第1章　Introduction〜"鉄板脱出"のポイント
第2章　フォルム編：ウエイトコントロール
第3章　ディテール編：軽さと動きとテクスチャー操作
第4章　バランス編：長さとラインと重量感
第5章　新ボブ「似合わせ」講座1:「重いけど動く」を似合わせる
第6章　新ボブ「似合わせ」講座2:「コントラスト」を似合わせる
第7章　新ボブ「似合わせ」講座3:「組み合わせ」で似合わせる

Introduction

ボブにおける"ディテール"とは?

水平、前上がり、前下がりなど、さまざまなアウトラインやウエイトラインに支えられ、ボブのフォルムには幅広いバリエーションが存在します。そして、たとえば「前上がり＝ウォーム」「前下がり＝クール」など、その「かたち」には一定の印象があり、その関係性が全体の女性像に大きく影響すると言えるでしょう。ただ、そうした「かたちと印象」の関係は、ボブの魅力である一方、デザインや女性像表現を画一的にしている一因でもあります。

この関係性をやわらげ、デザインはもとより、イメージ的な表現の振り幅を広げてくれるのが、ディテールの操作と設計です。ボブスタイル特有の硬質なフォルムと明確なシルエットに、軽さや動き、テクスチャーを加えていけば、表現の幅はどんどん広がっていくはず。本章では、そうしたシンプルボブにおけるディテール操作の技法を、「フォルムそのものの印象」と「ニュアンスの表現」の2つのステップに分けて解説していきます。

[step1]

フォルムに対して作用させるディテール操作

1つ目のディテール操作法は、硬質なフォルムそのものにアプローチし、顔や頭に対するヘアスタイルのフィット感を高めることで、全体の印象をやわらげていく方法。この技法は、硬い印象のフォルムを、素材の風合いなどに「なじませる」、顔や首に「そわせる」、すそを「おさめる」といったアプローチで、表現の振り幅、落とし込み方を広げる＋αのテクニックです。

＋αのためのKEY WORD

なじませる　そわせる　おさめる

毛先へのアプローチ

[step2]

ニュアンス調整のためのディテール操作

step1をふまえ、次の段階のディテール操作法は、かたちを「美しく崩す」アプローチ。ボブスタイルのフォルムに、髪本来の動きが加わるようにハサミを入れ、デザイン的印象の振り幅を広げていくテクニックです。髪が「ゆれる」「なびく」ようにカットし、フォルムやシルエットのバランスをキープしたまま「透け感・抜け感」をプラスする技法が軸になります。

＋αのためのKEY WORD

ゆれる　なびく　透け感・抜け感

⌄

中間〜毛先へのアプローチ

検証のベースにするスタイル

次のページから、上で説明したstep1とstep2のディテール操作法を掘り下げていきます。なお、それぞれのテクニックを落とし込むのは、第2章「フォルム編」の「＋α variation」で仕上げた4つのボブスタイル。「短めの水平ボブ」と「マッシュ系ボブ」、2つの「前上がり＆前下がりMIX」と、フォルムやシルエットはもちろん、印象の違う4つのボブスタイルにディテール操作を加えると、どんなデザインになっていくか、step1とstep2の段階ごとに、区切って解説していきます。

4つのボブに、さらなる「＋α」を加えていきます！

第2章「＋α variation 4」
前上がり＆前下がりMIX-2

第2章「＋α variation 3」
前上がり＆前下がりMIX-1

第2章「＋α variation 2」
マッシュ系ボブ

第2章「＋α variation 1」
短めの水平ボブ

case1／＋α variation1

短め水平ボブのディテール操作

[step1]

なじませる・そわせる・おさめる

まずは鉄板中の鉄板、「水平ラインのボブ」のレングスを、リップラインまで上げた「短めの水平ボブ」へのアプローチから。コンパクトなフォルムのフィット感をどう高め、イメージの幅を広げていくかに着目してください。

before／第2章「＋α variation 1」短めの水平ボブ

第2章で仕上げた「＋α variation 1」のボブ。レングスはリップラインの高さで、水平なアウトラインと平行に、鼻先の高さにウエイトラインをつくっている。ラインの表情や、レングスが短いために表面に出た、アンダー～衿足のフィット感の調整が重要になる。

CUT PROCESS

1. 全頭を上下に分け、顔まわりからカット。毛先1/3に、縦～斜めにセニングシザーズを入れ、アウトラインをぼかす。同様に三ツ衿付近までカットし、厚みの印象をやわらげる。

2. 続けて同じ部分に浅めのチョップカットを施す。削りすぎを防ぐため、ハサミが斜めにならないよう、縦に入れる。レングスが短いので、肌の透け方を見ながら毛先の厚みを調整。

3. ネープの毛先にも浅めにチョップカットを施す。肌の透け方と、首へのそい方を見ながら少しずつカット。レングスが短く、この部分も表面に見えてくるため、慎重に切り進める。

4. ミドルに縦スライスをとり、パネルの下側1/2に、深めにチョップカット。ウエイトライン下側の量感を調整することで、すそのフォルムを引き締め、シルエットにメリハリを出す。

5. オーバーの表面になる部分から縦にパネルを引き出し、上側1/2に、浅めにチョップカットを施す。毛先1/3くらいまでにハサミを入れ、4で深めに切った部分となじませる。

6. フロントまで放射状にスライスを展開させ、5と同様にチョップカット。ウエイトラインに重なる部分の毛先を軽くし、フォルムにメリハリをつけつつシルエットになじませる。

step 1
finish

beforeではコントラストが高く、ラインの主張が強かったが、毛先を肌になじませたことにより、全体的にソフトな印象に。また全体的に軽さを加えたため、フォルムがひとまわり小さくなり、ウエイト感を維持したまま、顔と頭に対するヘアのフィット感が高まっている。

アウトラインが肌に接しているため、

case1 / +α variation1

[step2]
ゆれる・なびく・透け感、抜け感

続いては、前ページで仕上げたボブをベースに、面や毛先の表情にさらなるニュアンスを加え、デザイン的なイメージをやわらげていく手法を解説。レングスは短くても、ディテールの操作でデザインの幅は広げられます。

before／P41「step1 FINISH」

こちらのbeforeは、前ページでフィット感を高めたボブ。おもにアウトライン際や、すそまわりにやわらかさを出すことで、顔や首に対するフォルムのフィット感を高めている。フォルム自体にもやわらかさはあるが、さらに髪本来の動きや束感が表現できるよう、ハサミを入れていく。

CUT PROCESS

1
step1と同様、全体を上下に分け、アンダー側からカット。細めにとった毛束の根元から深めにスライドカットを施し、量感と束感を調整しつつ、フォワードへの毛流れをつくる。

2
表面の髪をはずし、オーバーにもスライドカットを施す。1で削った部分と互い違いになるよう、またカットする深さにリズムをつけ、面を崩しながら束感、抜け感を調整。

3
バックに落ちるオーバーの髪も、2と同様にスライドカットを施す。表面をはずしてパネルをとり、深め、浅めとランダムにハサミを入れ、束感や抜け間にリズムをつけていく。

4
ネープの毛流れをしっかりコーミングした状態で、深めにチョップカットを施す。2、3でつくった束感や抜け感、また最終的に目指す全体の軽さをふまえ、肌の透け方を整える。

5
顔まわりにかかる部分から毛束をとり、浅めにスライドカット。毛流れが肌にそうようにしながら、自然なゆらぎが出るよう、細かく毛束をとってカットし、軽さと束感を調整。

6
表面からパネルをとり、深めにチョップカットを施して、表面に動きを加える。また、スライドカットでフォルムの内側につくった束感や軽さとなじませ、全体の質感に一体感を出す。

step2
finish

やわらかさを出したstep1のフォルムの内側に、細かいすき間をランダムにつくったことにより、自然な束感や髪の重なりが生まれ、動き、抜け感・透け感ができている。またフォルムはさらに小さくなるが、動きや毛流れの自由度が増したため、静的だったbeforeに比べ、動的なイメージが強くなっている。

case2 / +α variation2

マッシュ系ボブへのディテール操作

[step1]

なじませる・そわせる・おさめる

フォルムの印象自体がソフトなマッシュ系のボブ。そうしたフォルムを顔や頭にフィットさせる、step1からまずは解説。
かたちの印象を崩さず、フィット感を高めるコツは、ハサミを入れる深さのコントロールです。

before／第2章「+α variation 2」

バックのレングスを三ツ衿から4cmの長さに決め、そこから目尻に向かって前上がりにアウトラインをつなげたボブ。前髪の長さや幅は「短めの水平ボブ」とほぼ同様だが、前髪のラインとアウトラインとのコーナーを削り、マッシュ系ボブに仕上げている。

CUT PROCESS

1
アウトラインと平行にパートをとって全体を上下にセクショニングし、下側からカット。顔まわりの毛先から斜めにセニングシザーズを入れ、アウトラインの厚みを少しぼかす。

2
1と同様に、バック〜ネープのアウトラインにも縦にセニングシザーズを入れ、厚みを調整。アウトラインの量感と質感が、顔〜首になじむよう、軽さ、やわらかさを出していく。

3
ミドルからパネルをとり、浅めにチョップカットを施して、ウエイト付近に軽さとやわらかさを出す。また1、2で切ったアウトラインと、フォルムの質感がなじむようにカット。

4
オーバーもミドルと同様、浅めにチョップカットを入れていく。3でアンダー〜ミドルにつくった軽さや質感となじむようにしながら、シルエットのメリハリ感をやわらげる。

5
オーバーは放射状にスライスを展開させ、4と同様、浅めにチョップカットを施す。バック〜サイドにかけ、ウエイト付近の表情を見ながらカットし、フォルムにやわらかさを出す。

6
顔まわりまで浅めのチョップカットで切り進める。アウトラインからウエイト付近、表面と、フォルムのかたちやそのおさまりをキープしながら、やわらかい質感にまとめる。

step 1
finish

シルエットやウエイト感はしっかりキープされつつ、フォルム全体が軽くなった印象。アウトライン際の硬さがやわらぎ、顔～肌へのフィット感が高くなっている。また、そうした量感、質感に、フォルム全体の表情もマッチしていて、ベースのフォルムを生かしながら、「軽さのあるかたち」がつくられている。

case2 / +α variation2

[step2]
ゆれる・なびく・透け感、抜け感

step2は、前ページでフィット感を高めたボブをベースにスタート。アウトライン際の質感をやわらかく仕上げた状態に、さらにやわらかさを、またはデザインとしての強さを出す上で有効な、ディテールの操作術です。

before／P45「step1 FINISH」

アウトラインにやわらかさを加え、顔や首にフォルムをしっかりなじませつつ、全体の軽さに統一感を出した、フィット感の高いボブ。マッシュ系ボブ特有の丸さやソフトな印象を崩さないよう、削りすぎに注意しながら、フォルムの内側にすき間をつくって浮遊感をプラスしていく。

CUT PROCESS

1 アウトラインと平行に、上下にセクショニングして下側からカット。しっかりコーミングした状態で、深めにチョップカットを施し、アウトラインが消えないようにすき間をつくる。

2 バック〜ネープも1と同様、深めにチョップカットを施す。アウトラインが消えないよう、ハサミは縦に、毛流れと平行に入れて切り進める。アウトライン全体を同様にカット。

3 オーバーは、表面をはずしてアウトラインと平行にスライスをとり、中間からハサミを入れてスライドカット。すき間をあけて束感を出すのと同時に、リバースへの毛流れをつくる。

4 バックも3と同様にカット。表面をはずし、アウトラインと平行にスライスをとってパネルを引き出し、中間からハサミを入れてスライドカット。正中線に向けて毛流れをつくる。

5 表面からパネルをとり、1パネル内で深め、浅めとランダムにチョップカット。ウエイト付近に動きを加えながら、表面をスライドカットでつくった束感となじませ、一体感を出す。

6 表面は放射状にスライスをとり、5と同様に深め、浅めとランダムにチョップカット。これで全体に動きを加えながら、ウエイト付近の軽さや質感と、すそまわりとをなじませる。

step2
finish

やわらかいマッシュ系のフォルムが、さらにやわらかくなった。スライドカットによる崩しで、シルエットはよりなめらかに。またbeforeに比べ、フォルムのメリハリが弱くなった分、動きの自由度が上がり、自然な毛流れ、束感、浮遊感がデザイン的な主役になっている。

case3／+α variation3

「前上がり&前下がりMIX-1」へのディテール操作

[step1]
なじませる・そわせる・おさめる

ここからは、前上がり&前下がりのアウトライン、ウエイトラインをミックスさせた、応用的なフォルムに対するアプローチ。
まずは「下げて上げる」ボブスタイルのフィット感を高めるディテール操作法から解説していきます。

before／第2章「+α variation 3」

バックから耳前までは前下がりで、顔まわりのみ、あご先に向けて前上がりにアウトラインを切ったボブ。アウトラインやウエイト、重さなどにリズムがあり、立体感のあるフォルムが特徴。ディテール操作の際は、このかたちを崩さないようにテクニックを構成していく。

CUT PROCESS

1　全頭を上下に分け、アンダー（サイド）の毛先からカット。セニングシザーズを縦〜斜めに、浅めに入れて量感調整。アウトラインの厚みを減らし、シルエットのカドをやわらげる。

2　続けてアンダー（サイド）の毛先に、浅めにチョップカットを施す。量感を減らしながら束感を出し、すそを内側におさめつつ、顔〜首に対するすそまわりのフィット感を高める。

3　ネープは肌（首）の透けすぎを防ぐため、毛先のセニングカットのみ。1と同様、浅めにセニングシザーズを入れ、フォルムのすそを首にそわせ、吸いつくようなフィット感を出す。

4　ウエイトをつくるミドル付近からパネルをとり、内側にのみ深めにチョップカットを施す。内側にすき間をつくり、シルエットや表面の質感をキープしたまま軽さを出す。

5　オーバーの髪は毛先にのみ、浅めにチョップカットを施す。表面の質感やボブのシルエットを崩さないようにしつつ、4でつくった内側の軽さに、表面の重さをなじませる。

6　耳前より顔側の表面は、やや深めにチョップカットを施す。ここは動きの出やすいサイドの表面に落ちる部分なので、髪の可動域を広げ、自然な毛流れになじむようにしておく。

step 1
finish

バック側は前下がり、顔まわりは前上がりと、リズムをつけたアウトラインに合わせ、全体の毛先がまとまりやすい（一定方向に集約しやすい）状態に。またbeforeに比べ、フォルム全体が軽やかな印象になり、フォルムのエッジ付近は顔や首の肌になじんでいる。ただしウエイト感や表面のツヤ感などはキープ。

case3 / +α variation3

[step2]
ゆれる・なびく・透け感、抜け感

case1、2の流れと同様、ここでも前ページの切り上がりをベースに、さらなるディテール操作術を解説。
シンプルボブのまま、髪本来の質感を際立たせ、デザインの幅を広げるテクニックをピックアップします。

before／P49「step1 FINISH」

ベースとするのは前ページの仕上がり。すそまわりはシルエットのカド(サイド〜ネープの厚み)を調整し、首まわりへのフィット感を高めた状態。また内側(ミドル付近)にチョップカットですき間をつくりつつ、表面の毛先をなじませたことで、全体的な重量感もやわらいでいる。

CUT PROCESS

1

48ページと同様、全体を上下に分け、内側からカット。顔まわり〜サイドからとった毛束の側面にハサミをあて、根元寄りの中間から毛先まで(深めに)にスライドカットを施す。

2

1と同様に数カ所スライドカットした後、同じく内側の毛先に(浅めに)スライドカットを施す。こちらも1と同様、数カ所同様にカットし、つくるすき間にリズムをつける。

3

バックも左手でつまみ出した毛束の側面にハサミをあて、中間から毛先までスライドカット。特に耳後ろなど、髪がたまりやすい部分の量感を調整し、フォルムにメリハリをつける。

4

ネープのアウトラインにチョップカットを施す。浅め、深めとハサミを入れる深さを調整し、透け感を出す。ここで厚みを切りすぎると、フォルムのフィット感が損なわれるので注意。

5

オーバーは内側(ミドルに該当)から毛束をとり、中間から毛先に向かってスライドカットを施す。1パネル切るたびに、髪の「ゆれる」「重なる」状態を確認しながら切り進める。

6

バックのオーバーも5と同様。表面の髪をはずし、ぼんのくぼ付近の髪を中間からスライドカット。フォルム全体とのなじみ具合を見ながら、ウエイト感にメリハリをつける。

step2
finish

オーバーに入れたスライドカットの効果で、フォルムをキープしたまま髪が自然にゆれ、重なる状態に。また前上がりにしたフロントのアウトラインとの相乗効果で、顔まわりの抜け感が自然に表現できている。さらに耳後ろの毛量を多めに減らしたことにより、髪がたまらず、全体の動きや質感がなじんでいる。

case4 / +α variation4

「前上がり&前下がりMIX-2」へのディテール操作

[step1]

なじませる・そわせる・おさめる

最後に解説するのは、バックを前上がり、フロントを前下がりに構成したフォルムへのディテール操作法。
ここで取り上げるテクニック構成は、「上げて下げる」アウトラインのポテンシャルを引き出してくれます。

before／第2章「+α variation 4」

三ツ衿から耳上付近までは前上がり、それより顔側を前下がりのアウトラインで構成したボブ。「下げて上げる」ボブと同様、アウトラインやウエイトにリズムがある。ディテールを調整する際は、この「上げて下げる」アウトラインの構成が生きるようにアプローチしていく。

CUT PROCESS

3　ネープには1と同様、ハサミを縦〜斜めに、浅めにセニングカットを施し、すそits毛流れを首にそわせる。こちらも48ページと同様、肌の透けすぎを防ぐため、セニングカットのみ。

2　続けてサイドの毛先にチョップカットを施す。浅めにハサミを入れて厚みや量感、すき間を調整し、すそまわりを内側におさめながら、フォルムのフィット感を高めていく。

1　全頭を上下に2分割し、アンダー側のサイドからカット。セニングシザーズを縦〜斜めに、浅めに入れて毛先の量感を調整。アウトラインの厚みを減らし、すそに丸みをつける。

6　全体の動きや束感をなじませるため、トップから放射状にパネルをとり、毛先にチョップカットを施す。ハサミは浅めに入れ、表面に少し動きを出しつつ、全体の質感になじませる。

5　オーバー側からパネルをとり、表面の毛先に、浅めにチョップカットを施す。フォルムの形状や表面の質感を崩さないよう、4で内側につくったすき間を全体になじませる。

4　オーバー側からパネルをとり、内側（ミドル付近）に深めにチョップカットを施し、すき間をつくる。表面の毛先に厚みや重さを残すことで、フォルムの形状や質感をキープする。

アウトライン際の表情がやわらかくなり、顔〜首へのフォルムのフィット感が高まっている。またウエイト付近や表面にも束感が出て、動きや重さも統一感のある仕上がりに。さらにbeforeの硬質な質感をやわらげたことで、アウトライン際やフォルム全体に軽さが生まれ、毛流れがよりまとまるようになっている。

step1
finish

case4 / +α variation4

[step2]
ゆれる・なびく・透け感、抜け感

ここからは、53ページの仕上がりをベースに、さらにデザインの幅を広げていくために有効な、ディテール操作のテクニックを紹介します。最小限の技術&構成だけで、シンプルボブのニュアンスは、ここまで変えられます。

before / P53「step1 FINISH」

バック側から「上げて下げる」アウトラインで構成したボブ。フィット感が高く、このままでも充分に成立するデザインだが、アウトラインの構成を生かしつつ、動きや質感のニュアンスにさらなる味つけを加え、デザインの振り幅を広げていく。

CUT PROCESS

1　内側からカット。生え際は残し、顔まわり〜三ツ衿まで、まずは深めにスライドカット。数カ所からとった毛束の側面にハサミをあて、根元寄りの中間から切り、内側に抜けをつくる。

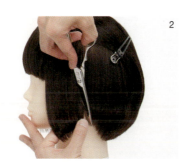

2　続いては、毛先中心に、浅めにスライドカットを施す。1で深めに削った部分とのバランスを意識しながら、全体の束感、抜け感にリズムができるようにカットしていく。

3　髪がたまりやすい耳後ろは多めにスライドカットを施す。アウトラインの構成上、ここは髪の動きが集約しやすいエリアにもなるので、多めにすき間をつくる。

4　オーバー側は、表面になる部分をはずしてスライドカット。中間からハサミを入れるが、アプローチする深さにリズムをつけ、透け感や抜け感、動きに変化がつくようにカットする。

5　バックも中間からスライドカット。50ページでは、ウエイトポイントの下側になるぼんのくぼ付近に入れたが、こちらは表面の量感や動きの調整を重視し、「かぶる側」に施術。

6　ネープにチョップカットを施し、フォルムのすそを内側におさめる。ウイッグを前に傾け、1〜5でつくった動きや抜け感、束感が首まわりにフィットするよう、浅めにハサミを入れる。

step 2
finish

フィット感を高めつつ、深さを調整しながらすき間をつくったことで、フォルムのバランスがキープされたまま、軽さや抜け感ができている。また軽さを出したことに加え、耳後ろを多めに削ぎ、フロント側、バック側双方から流れてくる毛先の「おさまる場所」をつくったため、シルエットがややコンパクトに。

まとめ

ボブに対するディテール操作は、
フォルム調整、ニュアンス表現という2つの段階に分けて考えると、
テクニックの設計がスムーズになります。
また技術の落とし込みを、「どの段階で止めるか」という判断も大切。
目指すデザインに必要なのは、step1とstep2、
どちらのディテールなのかを見極めることも重要になります。

次の章はボブの雰囲気づくりに
直結する、さまざまなデザイン要素の
「バランス」について考えます。

第3章
さらに役立つ！ 新ボブメソッドミニ講座

ボブのフォルムにメリハリをつけつつ、首や顔へのフィット感を高めるには、どんなディテール操作が有効でしょうか？

- **A** ウエイトの下側に、深めにチョップカットを施す
- **B** ウエイトの上側に、深めのチョップカットを施す
- **C** 全体に根元からスライドカットを施す
- **D** 中間からスライドカット＋毛先に浅めのチョップカットを施す

模範解答

正解は「D」。
目指すデザインに近いのはA、B、Cでも正解になりますが、本書ではスライドカットを駆使し、重ためでもありながら根元に動きをつくってメリハリを出しつつ、さらに毛先のチョップカットで顔や首へのフィット感をナチュラルに極性を持続用しました。

URESTA! 人気スタイリストへの近道シリーズ 18

似合わせ力を向上！
デザインの幅を広げる「新ボブメソッド」

—— 第4章 ——

バランス編
長さとラインと重量感

水平、前上がり、前下がり……「鉄板」のボブから一歩ステップアップし、
デザインの幅を広げる上で有効なのが、バランス操作というアプローチです。
本章は、ボブのデザイン要素のバランスコントロールと、そのデザイン効果について掘り下げます。

CONTENTS

第1章　Introduction〜"鉄板脱出"のポイント
第2章　フォルム編：ウエイトコントロール
第3章　ディテール編：軽さと動きとテクスチャー操作
第4章　バランス編：長さとラインと重量感
第5章　新ボブ「似合わせ」講座1：「重いけど動く」を似合わせる
第6章　新ボブ「似合わせ」講座2：「コントラスト」を似合わせる
第7章　新ボブ「似合わせ」講座3：「組み合わせ」で似合わせる

Introduction

"バランスを変える"というアプローチとは?

　1つのヘアスタイルは、さまざまなデザイン要素で構成されています。ボブスタイルもそれは同様で、レングス、フォルム、シルエット、アウトライン、重さ、質感、動きなど、複数のデザイン要素が1つのボブをかたちづくっていると言えるでしょう。そして、本書で紹介している「鉄板」のボブスタイルは、そうしたデザイン要素が「鉄板のバランス」で形成されているデザイン、と考えることができます。

　絶対的な美しさを持ち、ボブのデザインにおいて多くのボブスタイルの基準となる「鉄板ボブ」に、より幅広いデザイン性を加えていくには、「デザイン要素のバランス」をコントロールすることも有効な手段です。目指すデザインに向け、発想の基点となる「鉄板」のどこをカスタマイズしてバランスを変えるか、またはバランスを変えるためにはどの要素をカスタマイズすれば良いか……こうした思考が、デザインの幅を広げてくれるのです。

バランスを変えればデザインが広がる

デザイン全体のバランスを変える上で必要なのは、「デザイン要素の強弱をコントロールする」というアプローチ。ただし、1つのデザイン要素をカスタマイズするだけではなく、そこと「対」になる要素との関係性を見ながらコントロールすることが重要です。たとえば軽さを加えるなら重い部分との、短くするなら長さを残す部分との相性はどうか、といったことに注意しながらバランスをコントロールしていけば、新たなデザイン、イメージの表現につながっていきます。

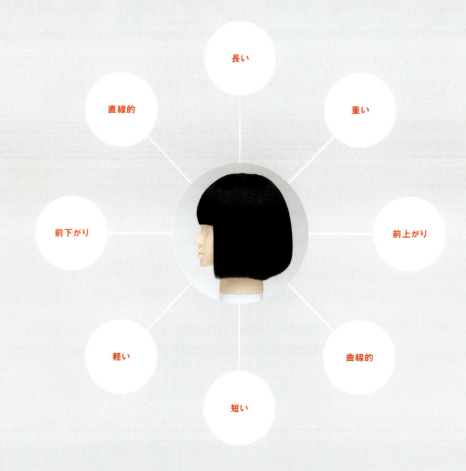

バランスの基準となるデザイン要素

ここではボブを構成するデザイン要素の中で、カスタマイズするとバランス操作に直結する、基本的なデザイン要素をピックアップします。下欄でピックアップする3つのデザイン要素をカスタマイズ、もしくは基準として他のデザイン要素をコントロールし、肌の見え方、見せ方などを変えていけば、「鉄板」とはひと味違うバランスが生まれ、新鮮なデザインの表現につながっていきます。

［ デザイン要素：重量感 ］ ←

第3章の「ディテール操作」でもふれたように、同じ長さやフォルムのボブでも、重量感の操作によって、全体のイメージを大きく変えることができる。つまり重量感を構成する「重さ」や「軽さ」という要素は、ヘアデザイン全体としてのバランスはもちろん、イメージや女性像のバランスを表現する上での基準になる、と言える。

カスタマイズ or 基準とする「重量感」
- 重さ・厚み
- 軽さ・抜け感

［ デザイン要素：線の調子 ］ ←

たとえばレングスやフォルム、シルエットが同じでも、顔〜首にそう前髪のライン、レングスとなるアウトラインが「直線的」か「曲線的」かによって、そのデザインのイメージは大きく変わる。「フォルム＝かたち」というジオメトリックな要素がデザイン的な「主」となりやすいボブでは、この「線の調子」もバランスを操作する上で重要な要素。

カスタマイズ or 基準とする「線の調子」
- 直線的なアウトラインや前髪
- 曲線的なアウトラインや前髪

［ デザイン要素：長さ ］

ヘアスタイルのデザインベースで、最も重要な要素と言えるのが、「長さ」。フォルムの印象が強いボブスタイルにおいても、「アウトラインのレングス」は、あらゆるデザインの基準となる。また、特にレングスが短めで、フォルムの存在感が大きいボブスタイルでは、「前髪の長さ」も全体のバランスをはかる上で欠かせない要素になる。

カスタマイズ or 基準とする「長さ」
- アウトラインのレングス
- 前髪の長さ

次のページから、上の3要素をカスタマイズ、もしくは固定し、「鉄板ボブ」をさまざまな「バランス」にカスタマイズ。それぞれのデザイン的、イメージ的な効果を検証します。

この3つをしっかり見ながらバランスをカスタマイズします！

「長さ」のバランス／アウトラインと前髪

最初に検証するのは、「アウトラインの長さ」と、「前髪の長さ」とのバランス。
「鉄板」のバランスをカスタマイズすると、シンプルボブのイメージはどのように変わるのでしょうか。

case1

アウトラインの長さを固定 × 前髪の長さをカスタマイズ

まずはアウトラインのレングスを固定、前髪の長さを操作し、デザインのバランスをカスタマイズするケースから。
顔まわりのバランスを少し変えるだけで、全体のイメージは大きく変わります。

[**pattern 1**
レングス：あご下約4cm
前髪の長さ：目の際の高さ]

デザインポイント

レングスをあご下約4cmに設定し、アウトラインを水平にしたシンプルボブ。前髪は左右のこめかみ幅で、目にギリギリかかる長さに、自然なラウンド状にカットされており、アウトラインとともに、厚みがありつつやわらかさを出したカットラインになっている。

テクニックポイント

アウトライン、前髪ともに、ベースカットに用いた技術は「浅めのチョップカット」。すそまわりにグラを入れ、フォルムに少し丸みを出しつつ、毛先中心にセニングカットを加え、厚みとやわらかさを両立させている。

全体のイメージ

レングスはもちろん、アウトラインの角度や厚みなど、ほとんどのデザイン要素が「鉄板ボブ」に近いため、安定感のある仕上がり。全体的に落ち着いたイメージが強く、幅広い女性像に落とし込めるデザインだと言える。

check point

同じレングスのボブでも、前髪とアウトラインの長さのバランスを変えると、レングスや顔の印象が変わります。その要因は、顔の見える面積と、前髪とアウトラインとの距離。連動するこの2つのデザイン要素のバランスをコントロールすれば、フォルムやシルエットを変えなくても、イメージを操作することが可能です。

[**pattern2**
レングス：あご下約4cm
前髪の長さ：まゆの高さ]

デザインポイント

レングスはあご下約4cmで固定。アウトラインの質感もそのままに、前髪の長さのみ短くしたデザイン。なお前髪のラインはpattern1と同様、左右のこめかみ幅で、自然なラウンド状に設定。毛先の質感もそろえ、長さのみまゆの高さまで短くしたデザイン。

テクニックポイント

こちらのボブスタイルも、「浅めのチョップカット」でアウトライン、前髪、グラデーションをカット。前髪の長さをまゆの高さに設定した以外は、すべてpattern1のボブと同様に仕上げている。

全体のイメージ

前髪が短くなり、顔の出る面積が広がったことで、明るく活動的なイメージに。ただ前髪とアウトラインとの距離が長くなったことで、レングスが少し長く見えるようになり、縦長な印象がアップして、大人らしさがキープされている。

case2

前髪の長さを固定 × アウトラインの長さをカスタマイズ

次は、前髪の長さに対するアウトラインの長さのバランスを変え、そのデザイン効果やイメージの変化を検証。
顔の見え方を固定しても、アウトラインの長さが変わると全体のイメージも変わります。

[**pattern1**
前髪の長さ：まゆ上で額の丸みにフィットする位置
レングス：あご下約4cm]

デザインポイント

レングスは前ページのボブと同じく、あご下約4cmに設定し、前髪をさらに短くしたボブ。前髪の幅も同様に、左右のこめかみ幅に設定しているが、長さが短くなった分、少し幅が広くなって見える。またすそに少しグラを入れているため、コンパクトなフォルムのデザイン。

テクニックポイント

アウトライン、すそのグラ、前髪のいずれも「浅めのチョップカット」を用いてカット。また毛先にのみセニングを入れ、グラでつくったシルエットの丸みに、少しやわらかさを出している。

全体のイメージ

前髪とアウトラインの長さに距離があるため、縦長なイメージが強く、クールで大人っぽい印象。特に大人のお客さまにとって、ショートバングはやや抵抗を感じるデザインになりやすいが、長さのバランス次第でフィットさせられる。

check point

「個性的」なデザインになりやすいショートバングのボブでも、レングスとのバランス次第で、イメージに振り幅を持たせることが可能です。重要なのは、前髪とアウトラインとの距離。その差が広がるほど、顔の見え方が縦長になり、大人っぽくクールなイメージに。逆に短くなると丸みが出て、甘さやキュート感がアップします。

[**pattern2**
前髪の長さ：まゆ上で額の丸みにフィットする位置
レングス：あご下約2cm]

デザインポイント

前髪の長さはまゆ上で固定し、レングスのみ長さを短くした状態。アウトラインの角度やすそまわりに入れたグラの高さ、毛先の質感などもpattern1と同様に仕上げつつ、レングスを2cmほどカットし、あご下約2cmまで短くしたボブスタイル。

テクニックポイント

pattern1のボブと同じく「浅めのチョップカット」でベースをカット。また毛先にも同様にセニングを入れつつ、バックのアンダー〜ネープが（短くなったため）ふくらみすぎないよう、量感を整える。

全体のイメージ

前髪のラインとアウトラインの距離がつまったため、シルエットが横方向へ広がった印象に。フォルムも丸みが強くなり、キュートさがアップ。また短くなったことでアウトラインの幅が広がり、フォルムの主張が強まっている。

「線」のバランス／直線と曲線

2つ目の検証は、ボブスタイルを構成する「線」のバランスについて。毛流れやアウトライン、シルエットが直線的か、曲線的かによって、見た目の印象やイメージはどのように変わるのかを掘り下げます。

case1

レングスを固定 × 毛流れ＆フォルムをカスタマイズ

1つ目は、レングスを全く同じ長さに設定しつつ、毛流れをカスタマイズしたケース。頭の丸みに対し、毛流れを直線的、曲線的に仕上げた2つのボブで、イメージの違いを検証します。

[pattern1]
レングス：あご下約2cm
毛流れ：頭の丸みに対して直線的におろした状態

デザインポイント

前髪をまゆの高さ、レングスをあご下約2cmに設定し、アウトラインを少し前上がりにしたシンプルボブ。シルエットのすそがしっかりと内側におさまりながら、頭の丸みに対して髪が直線的に落ち、その重なりでフォルムが形成されているデザイン。

テクニックポイント

ベースカットはすべて「浅めのチョップカット」。ネープからぼんのくぼ付近までグラを入れ、アウトラインに対し、少し前下がりに段差幅をつくっている。またすそまわりの毛先にセニングを入れ、質感を調整。

全体のイメージ

頭の丸みに対し、直線的な毛流れでフォルムをつくっているため、ベーシックかつスタンダードな印象。60ページのボブと同様、フォルムの印象は強いものの、幅広い女性像にフィットさせられそうな、ニュートラルなイメージ。

check point

同じレングスのボブでも、長さや前髪とアウトラインとの距離に対し、毛流れのバランスを変えると、女性像も大きく変わります。直線的な毛流れだと、比較的大人っぽく落ち着いた印象が強く、静的でニュートラルな印象。曲線的な毛流れだと、女性らしいやわらかさ、クラシカルで活発なイメージをねらうことができます。

pattern2
レングス：あご下約2cm
毛流れ：フォワード方向へ曲線的に流した状態

デザインポイント

前髪の長さと、あご下約2cmのレングスは固定。アウトラインの角度もpattern1とほぼ同様だが、特に中間〜毛先の毛流れがフォワード方向に、曲線的に流れているため、フォルムに丸みと奥行きが感じられるデザイン。またウエイトの主張が増し、立体感が出ている。

テクニックポイント

ネープからバックポイント付近までグラを入れ、段差幅をpattern1より前下がりに設計。浅めのチョップカットでベースを切った後、耳上より前に「深めのスライドカット」を施し、曲線的な毛流れを出している。

全体のイメージ

レングスはpattern1と同様だが、曲線的な毛流れ（とそれをつくるグラ）によってフォルムにメリハリが生まれ、全体的にクラシカルなイメージに。また動きを感じさせる毛流れのため、女性らしく活発な印象が強くなっている。

case2

レングスを固定 × 顔まわりのラインをカスタマイズ

続いては、長さに対し、配置する線のバランスを変えることで生じるイメージの違いを検証。
顔まわりのアウトラインを直線的、曲線的に仕上げると、どんな変化が出るのか比較します。

[**pattern1**
レングス：あご下約2cm
前髪〜アウトライン：直線的]

デザインポイント

前髪の長さは目の際、レングスはあご下約2cmで、アウトラインを水平にしたワンレングスボブ。スクエアな印象を強めるため、前髪の幅を広めに設定。またバックのレングスとアウトラインとのコーナーに自然な丸みがつくようにしているが、段差をつけずに厚みをキープ。

テクニックポイント

すべてのプロセスを「ブラントカット」で施術。段差をつけずに切り口を重ね、前髪、アウトラインともに厚みを出す。ただしシルエットをおさめるため、レングスとアウトラインのコーナーにはセニングカットを施す。

全体のイメージ

しっかりとした厚みがあり、他のボブに比べてシルエットのエッジが立っているため、シャープかつソリッドなイメージ。デザイン要素の構成自体はシンプルだが、ここまで直線的だと安定感、ニュートラル感は薄く、強さが際立つ。

check point

同じレングス、シルエット（特にフロントビュー）でも、それに対する線のバランスが変わると、イメージ的な着地点は真逆になります。クールさを出す直線、ウォーム感につながる曲線。その角度や厚み、すき間などを調整し、直線・曲線それぞれの度合いを変えていけば、無数のイメージに落とし込むことができます。

pattern2
レングス：あご下約2cm
前髪〜アウトライン：曲線的

デザインポイント

レングスはあご下約2cmで、前髪はセンターのみpattern1と同じ長さに設定し、曲線的なラインでサイドのアウトラインとのコーナーを丸めたボブ。こちらも段差を一切つけず、全頭をワンレングスに仕上げて厚みを出し、ラインの主張を強めている。

テクニックポイント

前髪〜アウトラインのすべてを「ブラントカット」で施術。曲線的な部分の毛先が薄くならないよう、ワンレングスの切り口を重ね、厚みを出している。またバックのシルエットのコーナーは、セニングで丸みを調整。

全体のイメージ

pattern1とレングス、厚み、アウトラインの角度が同じなので、シャープさも多少感じられるが、曲線的なラインの印象が強く、全体的にソフトかつウォームなイメージ。また顔の見える面積が全体的に小さくなったことで、落ち着いた印象に。

「重量感」のバランス／重さと軽さ

3つ目のバランス検証は、ボブスタイルにおける重量感についてです。たとえばレングスなどを固定し、重さと軽さのバランスだけを変えていくと、デザインやイメージはどう変わるのかを解説します。

case1

レングスを固定 × 表面の重量感をカスタマイズ

まずはデザインの表面と内側で、重量感のバランスをそろえたパターンと、表面のみ軽くしたパターンを比較。表面に軽さを加えることで、デザインとイメージはどう変わるのかを見ていきます。

[**pattern1**
レングス：あご下約7cm
重量感：内側・表面ともに重さを出す]

デザインポイント

顔まわりの長さをあご下約7cmに設定し、アウトラインを前下がりにした長めのボブ。すそにグラを入れ（正中線の段差幅は3cm程度で前下がり）、すそを内側におさめている。また顔まわりは（長いため）重さがたまりすぎないよう、少しすき間がつくられている。

テクニックポイント

ベースカットは浅めのチョップカットで行ない、セニングで量感を調整。また長さを残すイヤーツーイヤーより顔側には、重さがたまりすぎないよう、「深めのチョップカット」を入れ、少しすき間をつくっている。

全体のイメージ

全体的に厚みや重さが際立つ仕上がりのため、安定感、安心感があり、大人っぽく落ち着いたイメージが強い。飾り気がなくシンプルなので、幅広い女性像に落とし込めるデザインだが、静的なイメージのほうがフィットさせやすい。

check point

重さ重視だと大人っぽくなり、そこに少し軽さを加えるだけで、活発なイメージが強くなります。ただ、pattern2の軽さを際立たせているのは、アンダーの重さ。オーバーのレイヤー幅を広げるなどして軽さの分量を増やしていけば、動的な印象をある程度強めることはできますが、重さがあってこそ、軽さが際立つとも言えます。

[**pattern2**
レングス：あご下約7cm
重量感：表面にレイヤーを入れて軽さを出す]

デザインポイント

レングス&アウトラインは、pattern1と同じくあご下約7cmで前下がり。アンダーの構成も同様で、グラを入れて厚みをキープ。ただしオーバーには放射状にレイヤーを入れているため、フォルムのウエイトが上がり、同時に軽さが際立つ仕上がりになっている。

テクニックポイント

グラ、レイヤーとも、「浅めのチョップカット」でつくる。グラとレイヤーとのコーナーは削り、フォルムに丸みをプラスしつつ、レイヤー幅をアウトラインと平行に構成。なお、表面の軽さはレイヤーのみで形成。

全体のイメージ

アンダーに厚みを残しているため、表面の軽さが際立つ仕上がり。シンプルなデザインながら、明るく動的で、華やかなイメージが強くなっている。またフォルムに丸みがあるため、ソフトでやさしい、女性らしい印象も感じられる。

case2

レングスを固定 × フロント側の重量感をカスタマイズ

前ページでは「表面と内側の重量感」を変えていきましたが、ここでは「前後の重量感」のバランスをカスタマイズ。そのデザイン的、イメージ的な効果を検証していきます。

[
pattern1
レングス：あご下約3cm
重量感：均一に重さをつくる
]

デザインポイント

レングスをあご下約3cm（顔まわり）に設定し、アウトラインはバック側（正中線～イヤーツーイヤー）を水平、フロント側を前下がりにしたシンプルボブ。すそまわりに少しだけグラを入れ、フォルムに丸みを出しているが、厚み、重さはしっかりと残している。

テクニックポイント

レングスやグラなど、すべてを「ブラントカット」で形成。アウトラインを前下がりにした部分は、バック側の水平ラインから2cm下がるように、またグラの段差幅はすそまわりから2cm程度に設定している。

全体のイメージ

グラでシルエットに丸みをつけているが、すべてブラントカットで切ったため、アウトライン際まで厚み、重さがあり、ソリッドで硬質なイメージ。ただしフォルムやアウトライン、前髪等の構成はシンプルなので、安心感、安定感がある。

check point

落ち着いたイメージのもとになる「重さ」。その中にすき間をつくると肌が透けて見えるようになり、それが若々しい、動的なイメージにつながります。また同じシルエットでも、ここで解説したように「前後」の重量感にコントラストをつけると、重い部分が際立ち、フォルムの奥行きが強調される、という効果をねらうことも可能です。

[**pattern2**
レングス：あご下約3cm
重量感：フロントのみ軽くする]

デザインポイント

レングスやアウトライン、グラの構成、前髪など、デザインのベースはpattern1のボブとすべて同様にしたシンプルボブ。アウトラインを前下がりにした、イヤーツーイヤー〜顔まわりにのみすき間をつくって軽さを出し、肌が透けるようにしている。

テクニックポイント

アウトラインやグラは、pattern1と同様にすべてブラントカットで構成し、前下がりにした部分のみ、毛先にセニングを入れ、厚みを調整。さらに「深めのスライドカット」ですき間をつくり、軽さと透け感を出している。

全体のイメージ

フォルムやバック側のアウトラインは重さが際立つ状態のため、全体的には安定感がある。ただ、フロント側にすき間をつくって軽さを出したことにより、重さの中に抜け感が生まれ、若々しさやアクティブなイメージが表れている。

「前髪」のバランス／長さと軽さ

最後のバランス検証は、前髪とフォルムの関係です。フォルムの厚みとレングスを固定し、
前髪の長さや軽さだけを変えていき、デザイン全体の印象や、女性像の変化を検証します。

[pattern1]
前髪：目の上線
アウトライン：あご先の高さで水平（固定）

前髪を目もとギリギリの長さに設定。厚い毛先が印象的だが、ラインをゆるいラウンド状にしているため、シャープ感がおさえられており、フォルムのシルエットと調和がとれている。「鉄板」のバランスと言え、毛先の厚みがモード感にもつながるが、全体的にはウォームで安定感のあるイメージ。

[pattern2]
前髪：pattern1の毛先に束感をプラス
アウトライン：あご先の高さで水平（固定）

pattern1の前髪に、毛先から浅めのチョップカットを施した状態。長さや幅は変えていないが、毛先に束感ができたため、肌が透け、軽さが出ている。これによってラインと厚みの印象が軽減し、モード感が低下。スタイル全体のイメージ、女性像とも、カジュアルな印象が加わっている。

[pattern5]
ラウンドのカーブと毛先の透け感を強調
アウトライン：あご先の高さで水平（固定）

ラウンドラインのカーブを少し強め、毛先にリズム良くすき間を加えると、全体に動きが感じられるようになる。また肌の透け方が縦に伸びたため、シルエット全体も縦長感がアップ。ただし毛先につくったすき間のニュアンスがカジュアルな女性像につながるため、幅広いニーズに対応できる。

[pattern6]
pattern5のすき間を消してラインを強調
アウトライン：あご先の高さで水平（固定）

pattern5でつくった毛先のすき間を消すように、ラウンド状のラインを改めて設定。前髪の厚みの存在感が増したことで、シルエットや顔の見え方が曲線的になったほか、サイドの厚みも際立つように。またカジュアル感が強いpattern5に比べ、キュートな印象が強まっている。

[**pattern4**
前髪：毛先を刻んでラインをラウンド状に
アウトライン：あご先の高さで水平（固定）]

pattern3でつくったすき間のいちばん浅い部分を基準に、ラウンド状にライン
を整えながら、毛先にすき間をつくり足した状態。ラインの形状を曲線的にした
ことで、キュートな印象が出てきたほか、スクエアな印象が強かったフォルムの
シルエットに、やわらかな丸みを感じさせるようになった。

[**pattern3**
前髪：長さをまゆ下にしてすき間を加える
アウトライン：あご先の高さで水平（固定）]

pattern2から前髪の長さをまゆ下まで上げ、毛先から深いすき間と浅いすき間
をリズム良くつくった状態。pattern2と比べ、肌の透けて見える面積が少し増
えたため、前髪全体に毛流れを感じさせるようになっている。またこれによって、
イメージ的にもナチュラルさが強まり、やさしい印象に。

[**pattern8**
前髪：立ち上がらないギリギリの長さ
アウトライン：あご先の高さで水平（固定）]

ラウンド感を弱め、前髪でラインをつくることができるギリギリの長さ（立ち上
がらない長さ）まで短くすると、顔の見え方がスクエア寄りになるため、縦長印
象が強くなり、シャープさが出てボーイッシュな雰囲気に。またヘアに対する顔
の面積比が大きくなるため、フォルムがコンパクトに見えるようになる。

[**pattern7**
pattern6よりラウンドのカーブを強調
アウトライン：あご先の高さで水平（固定）]

毛先に透け感を加えながら、pattern6よりラウンドのラインを深くとる（ラウンド
ラインをつくることができるギリギリの長さ）と、サイドの厚みやウエイトの見え方
がフラットになる。また顔の見え方も縦長になるため、キュートな印象がおさえら
れ、大人っぽい女性像に方向づけることができる。

まとめ

本章ではボブの代表的なデザイン要素をピックアップし、
各要素のバランスをコントロールすることで得られる
デザイン的、イメージ的な効果を検証しました。
ボブのデザイン幅を広げる方法は、
デザイン設計の根本を変えるようなアプローチだけではありません。
少しのバランス操作でもデザイン的、イメージ的な幅は広げられます。

次の章からはついに実践。
似合わせをふまえたボブのカットテクを、
たっぷりお見せします!

第4章
さらに役立つ! 新ボブメソッドミニ講座

グラベースの重いフォルム。シルエットはそのままに、もっと奥行きを出したくなりました。さて、どうしたら効果的?

- **A** オーバーにレイヤーを入れる
- **B** 顔まわりに透け感をつくる
- **C** 前髪の長さを短くする
- **D** 毛流れをフォワード方向に曲げる

複数回答可。

模範解答

正解は「B」と「D」。
「シルエットはそのままに」を考えると、フォルムの崩れを最小限にコントロールできる「B」、グラベースのフォルムは崩さず、毛流れだけを物理的に前に振る「D」が正解。なお「A」はシルエットが変わってしまうため×。「C」はカットエリアが限定的で、頭全体の奥行きに目を引く効果が薄いため正解ではないものの、前髪だけではなく顔周辺を機能的に見せる考えは、合わさると正解です。

URESTA! 人気スタイリストへの近道シリーズ 18

似合わせ力を向上！
デザインの幅を広げる「新ボブメソッド」

―― 第5章 ――

新ボブ「似合わせ」講座1
「重いけど動く」を似合わせる

当アカデミーも、いよいよ佳境となって参りました。本章からは、これまで学んだテクニックや考え方を、サロンワークベースのデザインに落とし込んでいきます。実践的なシンプルボブを、しっかり似合わせていく「脱鉄板」テクニック、しっかり学んでください！

CONTENTS

第1章　Introduction～"鉄板脱出"のポイント
第2章　フォルム編：ウエイトコントロール
第3章　ディテール編：軽さと動きとテクスチャー操作
第4章　バランス編：長さとラインと重量感
第5章　新ボブ「似合わせ」講座1：「重いけど動く」を似合わせる
第6章　新ボブ「似合わせ」講座2：「コントラスト」を似合わせる
第7章　新ボブ「似合わせ」講座3：「組み合わせ」で似合わせる

Introduction
"重いけど動く"を似合わせる

本章では、実践的なシンプルボブをつくるカットプロセスの詳細をお伝えします。デザインのテーマとするのは「重いけど動く」。シンプルなボブスタイルは、フォルムの完成度が重視されがち。ただ、そこに「動き」を加えると、よりサロンで提案しやすいスタイルに、またつくり手のオリジナリティを反映させた「脱鉄板」のボブに仕上げやすいと言えます。しっかりとした「かたち＝フォルム」をつくるには、厚みや重さが欠かせません。そこにどんなアプローチを施せば、重さの中に「動き」を表現することができるのか。本章は、そのために必要なテクニックの使い分けをポイントに、「重いけど動く」を叶えるカットの設計方法を解説していきます。

"重いけど動く" design_1

軽やかな毛流れ
&
丸みのある
シルエットのボブ

1つ目のスタイルは、軽やかな毛流れの重なりと、それで形成される丸みのあるシルエットや、しっかりとしたウエイト感が特徴的なボブ。キュート感やクラシカルな女性像に直結するデザインで、「重さの中に軽さをつくる」アプローチがポイントになりそうなシンプルボブです。

サロンで使える「重いけど動く」シンプルボブ。今回はそのプロセスを徹底的に掘り下げます!

"重いけど動く" design_2

浮遊感のあるフォルム & 縦長シルエットのボブ

2つ目のシンプルボブは、すそまわりの厚み、縦長な印象のシルエット、表面のやわらかな動きが特徴的なスタイル。こちらもシンプルかつコンパクトなフォルムですが、大人っぽい印象が漂うスタイルで、「重さと軽さのバランス調整」がカギになりそうなデザインです。

"重いけど動く"をつくるテクニック1
重軽ミックスで組み立てるフォルム

ここからは、実践的な"重いけど動く"をつくるテクニックを掘り下げます。
まずは軽やかな毛流れと丸いシルエットのシンプルボブから。
はじめにデザイン的な特徴を整理し、続けてテクニックの詳細を解説していきます。

"重いけど動く" design_1

軽やかな毛流れ
&
丸みのある
シルエットのボブ

[デザインのポイント]

カットの具体的なテクニックプロセスを解説する前に、まずはゴールとなるデザインについて紹介します。軽やかな毛流れと、メリハリのある丸いフォルムを形成している、デザイン上のディテールとは？

前髪はフラットでスリーク。ただし毛先の質感はソフトで、さらにすき間をあけることにより、ラインや厚みによる硬い印象を軽減。サイドのエッジやフォルムの表情に合わせ、やわらかい印象に。

顔まわりのエッジにはフォワード方向への毛流れがつけられている。またサイドの表面はリバースに、大きめの毛流れがつくられているため、その対比効果でフォルムに奥行きが出ている。

メリハリのある丸みをつくっているのはグラデーションの積み重なり。またすそには厚みがあるものの、硬質ではなく、内側に空気を含むような、やわらかな段差が特徴。

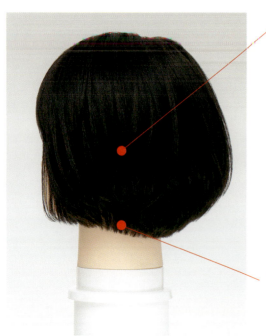
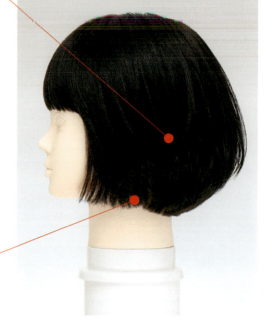

表面には大きめの束感がつくられていて、サイドはリバース、バックはフォワード方向に毛流れができている。これが「軽やかな毛流れ」を強く印象づける要因。

アウトライン際は、細かな束感によって透け感がつくられている。これによって首（肌）へのフィット感が増し、メリハリのあるヘアのフォルムがしっかりなじんでいる。

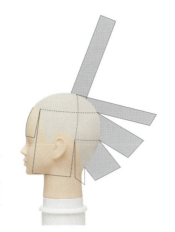

フォルムをつくる段差構成は、グラがメイン。レイヤーは表面にのみ入れる程度で、基本的に厚み、重さを残したフォルムワークを実践。

[カットのプロセス構成]

ここからは、右ページで解説したシンプルボブのカットプロセスを解説していきます。カットの工程は、ベースカット（ウエット）と量感・毛流れのコントロールを目的としたドライカットの2段階で構成。シンプルかつスタンダードなプロセスとテクニックで、「重いけど動く」シンプルボブを組み立てていきます。

base cut 1
アンダー〜ミドル／レングス＆グラデーション

まずはデザインの前提と言えるレングスと、フォルムの土台をつくるアンダー〜ミドルのカットから。この段階で、フォルムのかたちをしっかり決め、さらにすそまわりの表情のベースをつくる。

1

全頭をブロッキング。耳後ろとこめかみの高さで全体を3段に、耳後ろからトップポイントを通るイヤーツーイヤーで前後に分ける。

2

アンダーのセンターからカット。あご下2cmの高さにレングスを決め、水平にブラントカット。左手中指を首につけ、指1本分の段差をつける。

3

レングスを決めた状態。アンダーの左右は頭の丸みに合わせてまわり込み、水平にブラントカットを施して、長さと段差をつなげる。

4

ミドルの髪をおろし、アンダーをガイドにブラントカット。パネルを引き出す角度は垂直線に対して指1本分で、アンダーのグラとつなげる。

5

アンダーをガイドに、バックのミドルを切り進める。ミドルは範囲が広いので、しっかりまわり込みながらカットし、長さとグラをつなげる。

6

カットする度にコーミングし、毛流れを見ながら切り進める。右手でコームを通しつつ、左手人差し指で切り口を持ち上げ、グラの効果も確認。

7

頭の丸みに合わせてまわり込み、サイド、顔まわりへと切り進める。イヤーツーイヤーより顔側は、バックからの延長でつなげ、水平なアウトラインに。

8

サイドの切り口は、バックからの延長で、垂直線に対して指1本分のグラでつなげる。イヤーツーイヤーより顔側は、下のガイドがなくなるので注意。

9
アウトラインと段差が決まったら、ミドルに縦スライスをとり、毛先にセニングカットを施す。素材の状態を見て、切り口と平行にカット。

10
縦スライスで移行しながら、ミドル全体にセニングカットを施す。9と同様、グラの切り口と平行にセニングシザーズを入れ、毛先の量感を調整。

11
顔まわりまで9、10と同様にカットした状態。毛先にやわらかさを出すため(素材の条件による)、ウエットカットの段階で毛先の量感を調整しておく。

base cut 2
オーバー／グラデーション&レイヤー

続いては、フォルムの表面となるオーバーのカット。ここではまず、下からの延長でフォルムの形状を決め、その上で表面に最小限の動きを加える、という2段階の工程で切り進めていく。

12
前髪をとり分けたら、オーバーの髪をおろしてバックセンターからカット。ミドルの長さと段差をガイドにし、ブラントカットで切り進める。

13
オーバーのグラもアンダー、ミドルと同様に、垂直線に対して指1本分の角度をキープ。この角度を崩さないよう、サイドへと切り進める。

14
ミドルの6と同様、オーバーもコーミングしながらカット。自然な毛流れや毛量、カットしたグラの精度などを確認しながら切り進める。

15
前髪を残し、顔まわりまでグラをつなげていく。ミドルと同様、頭の丸みに合わせてまわり込みながら、下の長さと切り口の角度をガイドにカット。

16
パネルを引き出す角度がブレないよう、垂直線に対して指1本分をキープしてカット。まずは表面まで、ミドルのグラとつなげる。

17
つむじまわりに縦スライスをとり、パネルをリフトアップしてレイヤーを入れる。表面まで入れたグラのカドを削り、表面に軽さを出す。

18
放射状にスライスを展開させ、レイヤーをつなげる。スライスをとる高さがずれないようにしながら、1つ前のパネルの切り口をガイドにつなげる。

19
前髪を残し、顔まわりまでレイヤーをつなげる。レイヤーの幅が広くならないよう、グラのカドをとる程度にとどめ、切り口をつなげる。

20

レイヤーカット後、セニングカットに移行。17と同様にスライスをとり、レイヤーの切り口と平行に、表面をはずしてセニングシザーズを入れる。

21

毛先の厚みを見ながらセニングシザーズを開閉させる。減らしすぎに注意し、毛先1/3の量感を調整して、毛先にやわらかさを出す。

22

レイヤーカットの際と同様、放射状にスライスを展開させ、毛先1/3にセニングカットを施す。表面を削らないように注意し、顔まわりまでカット。

base cut 3
前髪／長さ&ライン設定

ベースカットの最終工程は、オーバーをカットする際にとり分けた前髪。ここまでのプロセスでつくってきたレングス、フォルムのかたちなどとバランスをとり、長さやラインの構成を決めていく。

23

前髪は両目尻の幅で、深さを耳上の延長線上に設定。まずはブロッキングをほどき、コーミングしてまっすぐおろしておく。

24

前髪全体を3分割し、センターからカット。長さは目の上ギリギリに設定し、指1本分の段差がつくよう、自然に落ちる位置でブラントカット。

25

続けて右サイド側をカット。やや中央に集めるようにパネルを引き出して、センターの長さをガイドにブラントカット。段差は24と同様に。

26

左サイド側も中央に集めるようにパネルをとり、ブラントカットを施す。左右のパネルを中央に集めて切り、自然なラウンドラインをつくる。

27

前髪を切り終えた状態。センターは目の上ギリギリ、左右は目尻を通る長さで、自然なラウンドラインになっている。段差はこれ以上つけない。

base cut 4
ベースカット終了

ここで目指すボブの、ベースとなるフォルムが仕上がった状態。フォルムの丸みやメリハリ感、またアウトライン際のやわらかさは出ているが、全体的に重く、動きが出にくそうな印象が強い。

> **dry cut 1**
>
> **オーバー～ミドル**
>
> ここからは、ドライカットで量感、質感を調整し、フォルムにやわらかさや動きを出していく。まずは表面～内側にアプローチし、重さや硬さが残っていたフォルムに、軽やかさを加えていく。

28 ベースカットでレイヤーを入れた部分に、深めにチョップカットを施して、表面に動きを加える。まずは正中線に縦スライスをとってカット。

29 ベースカット時と同様に、放射状にスライスを展開させ、レイヤーを入れた表面全体に（前髪は残す）、28と同様にチョップカットを施す。

30 バック（左右の三ツ衿間）のミドルに、浅めのチョップカットを施す。これで毛先の厚みを整えながら、オーバーの動きとなじませる。

31 サイドの内側（ミドル）にスライドカットを施し、面にすき間をあける。顔まわりをはずし、まずはもみあげ付近から深めにハサミを入れる。

32 続けて耳上付近に、毛先中心にスライドカットを施す。グラでつくった厚みや量感を残しつつ、毛束が動くようにすき間をつくる。

33 オーバーは表面をはずし、フォルムの内側になる部分にスライドカットを施す。まずは顔側から毛束をとり、根元寄りにハサミを入れてカット。

34 耳上付近は中間寄りにハサミを入れてスライドカット。顔側を深め、耳上付近を浅めからカットすることで、毛流れがつけやすくなる。

35 さらに耳後ろ付近から毛束をとり、根元寄りからスライドカット。深め、浅め、深めとリズムをつけて（内側の削った部分と重ならないよう）削る。

36 オーバーの内側にスライドカットを施した状態。グラでつくった厚みが残りつつ、スライドカットを入れた部分にすき間ができている。

37 ハチまわりも表面をはずしてスライドカット。35と同様、重い部分を残しながら面を崩し、毛流れが出やすいようにすき間をつくる。

38 37のバック側は、浅めからスライドカットを施す。33～35で削った位置（内側）と重ならないよう、深さにリズムをつけてすき間をつくる。

39

ネープの毛先に縦にセニングシザーズを入れる。フォルムの束感や毛流れを見て、バランスをとりながらカットし、やわらかくぼかす。

40

前髪の毛先をつまみ、セニングシザーズでカットしてラインをぼかす。ここもネープと同様、顔まわりの毛流れや動きを見ながらバランスを調整。

> **dry cut 2**
>
> **アウトライン～前髪**
>
> 最後の仕上げはアウトライン際と前髪の表情づくり。すき間をつくったことで、部分的に軽さが出たフォルムのすそをしっかりおさめながら、顔や首へのフィット感を高めていく。

41

前髪は、ベースカットで切ったままの状態。厚みや硬さが残っているので、セニングシザーズを縦～斜めに入れ、肌が透けるように調整。

42

ライン際をぼかしたら、カットシザーズで浅めにチョップカットを施し、すき間をあける。ぼかした毛先とバランスを見ながらカットしていく。

43

顔まわりにスライドカット（深めから）を施し、フォワード方向への毛流れを調整。また髪の動きが顔になじむよう、透け感を整える。

finish

ベースカットで重めのフォルムをつくり、ドライカットで軽やかさを出した「design_1」のボブ。
毛先に厚みを残しつつ、すき間をあけて毛流れを出しているため、動かしてもまとまりやすい。

"重いけど動く"をつくるテクニック2
重軽バランスで組み立てるフォルム

続いては、浮遊感＆縦長シルエットを要とする、ミニマムなボブをつくるテクニックを通し、
"重いけど動く"の組み立て方を解説します。
「design_1」と同様に、まずは目指すデザインのポイントを洗い出します。

"重いけど動く" design_2

浮遊感のあるフォルム
&
縦長
シルエットのボブ

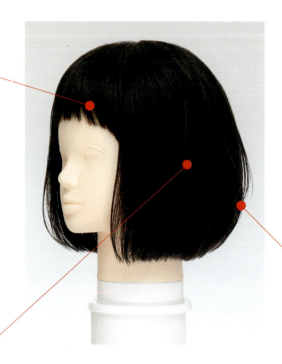

[デザインのポイント]

こちらのボブは、「design_1」と同様、コンパクトなフォルムが印象的ですが、デザイン的な方向性や、女性像は大きく異なります。77ページでもふれたような、大人っぽいイメージの源となるポイントとは？

前髪は、「design_1」よりRの角度を強くした、ラウンドラインのショートバング。表面はフラットかつスリークで、ライン感を残しつつ、大きめにすき間をつくって束感を出し、肌の見え方を縦長にしている。

フォルム下部の重さに対し、表面は浮遊感のある仕上がり。すき間をつくることで生まれる束感、毛流れだけでなく、段差の構成自体で重さと軽さがつくり分けられている。

シルエットはゆるやかな丸みが特徴。ウエイトポイントは低めで、縦長な印象が強い。またシルエットのアウトラインはやわらかい質感で、やさしい雰囲気。

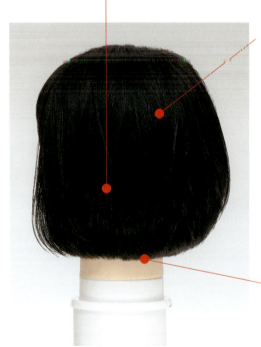

トップ（根元～中間）は比較的スリーク。ただ、髪の「ズレ」などでやわらかな風合いがつくられており、表面（中間～毛先）の浮遊感や自然な毛流れとなじんでいる。

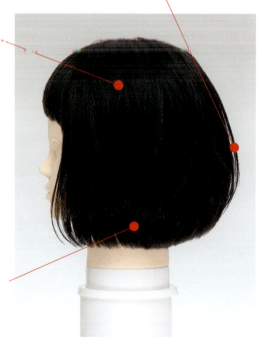

ウエイト～アウトラインは厚みと重さがありつつ、やわらかさを両立させた風合い。またアウトラインは水平～やや前下がりで、毛先に細かな束感をつくり、表面の質感や、首まわりにフィットさせている。

[カットのプロセス構成]

それでは「design_2」のカットプロセスを詳しく解説していきます。プロセスの構成は、こちらもフォルムをつくるベースカット（ウエット）と、動きを整えるドライカットの2段階。「design_1」と同様に、技術的に特殊なことは全くしていません。シンプルなテクニックの組み合わせ＆組み立てで、"重いけど動く"ミニマムなボブをつくります。

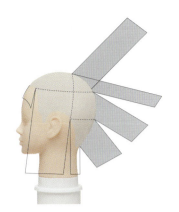

フォルムの土台となるアンダー〜ミドルは、低めのグラでしっかり厚みを残す。そこにのせるオーバーには、広めにレイヤーを入れて、浮遊感を出す構成。

base cut 1
アンダー〜ミドル／
レングス＆グラデーション

こちらのデザインも、まずはレングスとフォルムを支えるアンダー〜ミドルのグラデーションカットからスタート。目指すスタイルにおいて、すべての基準となる部分からつくっていく。

1 ブロッキングは「design_1」と同様。耳うしろとこめかみの高さで水平に、耳うしろからトップポイントを通るイヤーツーイヤーで全体を分ける。

2 アンダーの正中線からカット。真下にパネルを引き出し、あご下4cmの長さにレングスを決める。つくる段差は垂直線に対して指1本分。

3 続けてアンダーの左右をカット。センターの長さをガイドに、やや後方にパネルを引き出して（板状に近い）、ブラントカットでレングスと段差をつなげる。

4 アンダーを切り終え、レングスが決まった状態。左右のパネルをやや後方に引き出した（板状に近い）ことで、アウトラインがやや前下がりに。

5 ミドルの髪をおろし、2〜4で切ったアンダーをガイドにカット。アンダーからの延長で、垂直線に対して指1本分のグラを入れる。

6 ミドルの左側を切り進めた状態。耳うしろまではアンダーをガイドに、やや後方にパネルを引き出してカットし、長さと段差をつなげる。

7 そのまま顔まわりまで切り進める。耳うしろより顔側は、パネルを引き出す角度をキープしつつ、アウトラインをやや前下がりにカット。

8 逆サイドも同様にカット。耳うしろより顔側は、アンダー（ガイド）がなくなるので、1つ前に切ったパネルを基準に、引き出す角度がブレないように切る。

9
ミドルのベースカット終了の状態。毛先の厚みを確認し、この段階で毛量調整が必要かを判断。今回は厚みが多すぎるので、セニングカットを施す。

10
バック（ミドル）の正中線に縦スライスをとり、毛先をセニングカット。切り口と平行にセニングシザーズを入れ、毛先の量感を調整。アンダーは残す。

11
縦スライスで移行しながら、顔まわりまでセニングカット（毛先のみ）。グラの切り口と平行に、毛先の厚みを確認しながら量感を調整。

base cut 2
オーバー／グラデーション＆レイヤー

フォルムのベースを切り終えたら、表面のニュアンスを決めるオーバーのカットに移行。レイヤーで軽さとフォルムの厚みを整えるが、その前にグラを入れ、ミドルとしっかりなじませる。

12
オーバーの髪をおろし、ミドルをガイドにブラントカット。下からの延長で、垂直線に対して指1本分の角度にパネルを引き出し、グラをつなげる。

13
ミドルの長さと段差をガイドに、サイドに向けて切り進める。耳後ろ付近まではアンダー〜ミドルと同様、やや後方にパネルを引いてつなげる。

14
顔まわりまでグラをつなげていく。サイドはミドルのベースカットで決めたアウトラインを削ってしまわないようにし、やや前下がりにつなげる。

15
逆サイドも13、14と同様にカットし、オーバー全体にグラを入れ終えた状態。表面までグラを入れたため、すそにしっかりとした厚みがある。

16
グラデーションカット終了後のバックビュー。サイド〜すそのフォルムが厚く、重さがある。これらを確認し、レイヤー幅を最終的に決める。

17
オーバーのバックセンターに縦スライスをとり、パネルをリフトアップしてレイヤーを入れる。ここがオーバーに入れるレイヤーのガイドとなる。

18
バックセンター（1線目）にのみレイヤーを入れた状態。毛先の落ちる位置や、フォルムの厚みの具合などをしっかり確認しておく。

19
2線目。正中線から放射状にスライスをとり、17でカットした位置にパネルを引き出して、17の切り口をガイドにレイヤーをつなげる。

3線目。放射状にスライスをとり、19のスライス上にパネルを引き出してレイヤーをつなげる。パネルの角度が下がらないように注意。

4線目。同じく放射状にスライスを展開させ、1つ前に切った部分のスライス上にパネルを引き出してカットし、レイヤーをつなげる。

5線目もオーバーダイレクションをかける。放射状にとったスライスから後方にパネルを引き出し、21と同じ位置でレイヤーをつなげる。

6線目もオーバーダイレクションをかける。前髪と接する部分からパネルをとって後方へ引き出し、21、22と同じ位置でつなげる。

オーバーにレイヤーを入れ終えた状態。パネルを後方に引き出し、オーバーダイレクションをかけたことで、前下がりにレイヤーが入っている。

顔まわりにできる、ミドルのグラとオーバーのレイヤーとのカドを削る。これで前下がりに入れたレイヤー部分が動きやすくなる。

オーバーのレイヤーカットが終了した状態。すそまわりの重さが軽減され、スリムなフォルムになり、毛流れをつけやすい状態に。

ウエットのまま毛先の量感を調整。バックセンターに縦スライスをとり、表面をはずして17と同様にパネルを引き出し、毛先にのみセニングカットを施す。

放射状にスライスを展開させ、表面をはずし、19〜23と同様にパネルを引き出してセニングカット。毛先の量感のみ調整する。

base cut 3
前髪／
長さ&ライン設定

こちらもベースカット最後の工程は、前髪のデザイン設計。スリムなフォルムをより縦長に見せる長さに設定し、さらにフォルムの質感や肌へのなじませをふまえ、ラインの角度を整えていく。

前髪のセクションは「design_1」と同様で、幅を両目尻に、深さを耳上の延長線上に設定。まずはブロッキングをほどき、まっすぐおろしておく。

長さを額の上下1/2に設定し、センターからブラントカットでラインを切る。なおカットの際は、指を額にあて、指1本分のグラを入れる。

33	32	31

逆サイド側も32と同様にパネルを引き出し、目尻の高さからセンターに向かってカット。左右の長さを残し、ラウンド状にラインを仕上げる。	前髪の両サイド側は、センターに集めるようにパネルを引き出してカット。目尻の高さから、30で切った部分につなげ、ラインをつくる。	前髪のセンターのみカットし終えた状態。この長さ（額の上下1/2）を基準にして、残っている両サイド側をラウンド状につなげていく。

base cut 4
ベースカット終了

ゆるやかな丸みのあるシルエットができている。ただ、全体的に厚みや重さがまだ気になるので、乾かした状態でハサミを入れ、毛先のおさまり方などを確認しながら量感、質感、動きを調整していく。

35	34	
		### dry cut 1 **フォルムの調整** まずはシルエットの形状と、表面の動きを目指すデザインに仕上げていくアプローチから。ウエイトなど、ベースカットでつくったフォルムのかたちを崩さないよう、軽さとすき間をつくっていく。
ベースカット時と同様、放射状にスライスを展開させ、深めにチョップカットを入れる。この工程で表面の軽さや毛流れを仕上げる。	正中線に縦スライスをとり、深めにチョップカットを施す。毛先の表情はベースカットで調整済み（セニング）なので、すき間のみつくる。	

38	37	36

続けて深めにチョップカットを入れる。浅め、深めとリズムをつけてチョップカットを施し、動きが出やすく、重さがたまらないようにする。	セニングですそまわりにやわらかさを出したら、すき間をつくって動きが出るようにカット。まずはフリーハンドで浅めにチョップカット。	ミドル〜アンダーの毛先（アウトライン）に、縦にセニングシザーズを入れ、すそをぼかす。フォルムのすそまわり全体に、やわらかさが出るようにカット。

dry cut 2
ラインの調整

フォルムの形状や重量感、毛流れを整えたら、最後にフィット感を高めるためのカットを施す。前髪、顔まわり、アウトラインにアプローチし、全体のバランスに合わせて風合いを調整。

39　アンダーを残し、ミドルからパネルをとってスライドカットを施す。中間からハサミを入れ、バックに向けてパネルの前後を交互に削る。

40　バックにも中間からスライドカットを施し、量感と毛流れを仕上げる。サイドと同様、正中線に向けてパネルの前後を交互に削る。

41　ネープの毛先にフリーハンドでチョップカットを施す。フォルムの毛流れや質感、サイドのアウトラインとのバランスを見ながらぼかす。

42　前下がりにレイヤーを入れ、フォワードに動きやすくした顔まわりに、中間からスライドカットを施し、透け感や髪の動き、ゆらぎを調整する。

43　前髪のラインに浅めにチョップカットを入れる。ライン際で、厚みや硬さが残っている部分を刻むようにカットし、束感や透け感を整える。

finish

ベースカットで重さと軽さをつくり分け、ドライカットでまとまりを出した「design_2」のボブ。フォルムのベースとなる部分に厚みを残しているため、表面が動いても、フォルム自体は崩れにくい。

> まとめ

本章では、「重いけど動く」をテーマに、
デザイン的、イメージ的な方向性が異なる2つのボブを仕上げました。
どちらのボブも、技術的、デザイン的に、特別なことはしていません。
シンプルなテクニックとデザインを組み合わせるだけで、
ボブスタイルのデザイン幅はどんどん広がり、
さまざまな女性像に似合わせることができるのです。

次の章では、新たなテーマを設定。
"脱鉄板・シンプルボブ"の
秘訣をみっちり解説します！

第5章
さらに役立つ！ 新ボブメソッドミニ講座

グラベースのフォルムを
スリムに仕上げたい時、
どこをどうすれば良い？

- Ⓐ オーバーにレイヤーを入れる
- Ⓑ アウトラインを深めのチョップカットで刻む
- Ⓒ ミドルの中間から多めにスライドカットを入れる
- Ⓓ 前髪を短くする

複数回答可。

模範解答

正解は「A」「B」「C」「D」すべて。
シルエットがスリムになるためには、「A」は正解。また「B」は襟足の落ちが良くなり、すなわちその直下が軽くなりすくなるため「C」はアウトライン上がり、「D」はその直角の印象を強調するエッジが少なくなるから、襟足に繊細さが出て、スリムみが出るため正解となります。

URESTA! 人気スタイリストへの近道シリーズ 18

似合わせ力を向上！
デザインの幅を広げる「新ボブメソッド」

―― 第6章 ――

新ボブ「似合わせ」講座2
「コントラスト」を似合わせる

前章につづき、第6章も実践的な「新ボブ」づくりのテクニックを深掘ります。
デザインのテーマとするのは「コントラスト」。フォルムやディテールのさまざまな部分にメリハリを利かせ、
奥行きや毛先の表情をコントロールし、シンプルボブのデザイン幅をさらに広げていきます。

CONTENTS

第1章　Introduction～"鉄板脱出"のポイント
第2章　フォルム編：ウエイトコントロール
第3章　ディテール編：軽さと動きとテクスチャー操作
第4章　バランス編：長さとラインと重量感
第5章　新ボブ「似合わせ」講座1：「重いけど動く」を似合わせる
第6章　新ボブ「似合わせ」講座2：「コントラスト」を似合わせる
第7章　新ボブ「似合わせ」講座3：「組み合わせ」で似合わせる

Introduction
"コントラスト"を似合わせる

コントラストとは「対照」「対比」のことで、ヘアデザインにおいては「メリハリ」を意味します。シンプルかつプレーンな鉄板ボブを構成するデザイン要素、たとえば重さ、動き、束感、量感などに、強弱さまざまなコントラストをつけていけば、同じシルエットのシンプルボブでも、そのデザイン的な表情に幅を持たせることができます。またコントラストの操作は、フォルムにおける奥行きを際立たせたり、重さの対比効果で動きや軽さを強調するなど、多彩なデザイン効果をねらうことが可能。本章では、この「コントラストの操作」によって、シンプルボブのフィット感を高めながら、デザイン的な幅を広げるアプローチをひも解いていきます。

"コントラスト" design_1

軽めの前髪
×
重めのアウトラインの
シンプルボブ

1つ目のボブは、薄めで軽い前髪と、厚めで重いアウトラインで構成したスタイル。あご下のレングスや水平のアウトラインなど、シルエット自体は鉄板で、すその重さが安定感を高めています。ただ、その重さに対して前髪周辺は軽く、肌が透けて見えるため、奥行きを感じさせるデザインです。

前後、上下でコントラストをつければ、鉄板が「新ボブ」に生まれ変わります。

"コントラスト" design_2

重めの前髪 × 軽めのアウトラインのシンプルボブ

2つ目のデザインは、design_1とは逆に、前髪を重め、アウトラインを軽めにしたシンプルボブ。ミニマムかつコンパクトなフォルムの中に、重軽のコントラストを落とし込んだデザインです。こうしたバランスでは、上部の重さをどうやって頭にフィットさせるかが重要になります。

"コントラスト"をつくるテクニック1
軽い前髪×重いアウトライン

まずは軽い前髪と重いアウトライン、つまりフォルムの前側を軽く、
後ろ側を重くして、重量感にコントラストをつけた、「design_1」のシンプルボブから解説。
デザイン上のポイントや、具体的な構成法について掘り下げます。

"コントラスト" design_1

軽めの前髪
×
重めのアウトラインの
シンプルボブ

[デザインのポイント]

テクニックの詳細をひも解く前に、まずはデザイン上の要点をピックアップ。前後の重量感にメリハリをつけつつ、1つのシンプルボブとして成立させるため、どこをどのように仕上げているか、そのデザイニングを分析していきます。

前髪は目の上ギリギリの長さで、ラインを水平に設定。毛先の厚みやラインの表情は残しつつ、大きめかつ深めにすき間をあけ、軽さを際立たせている。また肌の見え方を縦長にすることで、プレーンなフォルムに大人っぽい印象をプラス。

表面の上部(根元〜中間)はスリークな質感で、厚みや重い印象を支えている。またローウエイトで安定感のあるフォルムによって表現した、落ち着いた印象をアシスト。

バックのシルエットはゆるやかな丸みと、低めにつくられたウエイトが特徴的。しっかりとした厚みとグラデーションで、重さを強調させているため、フォルムに安定感がある。

サイドのアウトラインもしっかりとした厚みが印象的な仕上がり。ただしバックに比べ、顔まわりに向けて徐々にすき間がつくられており、肌の見え方がリラ状になっている。

フォルムを支えるバックのアウトラインは、重さが際立つ仕上がり。ただし、厚みを感じさせる一方で、毛先はやわらかい表情に仕上げており、厚いすそを首まわりにフィットさせている。

アウトラインは水平にし、アンダーからオーバーまで低めのグラをつなげる。全体に重さを残しつつ、トップはレイヤーでカドを落とす構成に。

[design_1 カットのプロセス構成]

ここからは、「design_1」のカットプロセスを解説していきます。プロセスの設計は、第5章のボブと同様、ベースカット（ウエット）とドライカットの2段階。またアンダー、ミドル、オーバー、サイド等、セクションのとり方を共通させるほか、シンプルなカットテクニックだけ（第1章で紹介した技法のみ）でデザインを組み立てていきます。

base cut 1
アンダー／レングス&グラデーション

まず全頭をブロッキングし、アンダーのカットから。デザインの基点となるレングスを設定し、フォルムやウエイトのベースとなる部分から組み立てていく。

1

まずは全頭をブロッキング。全体を耳後ろとこめかみの高さで3段に、耳後ろからトップポイントを通るイヤーツーイヤーで前後に分ける。

2

全体のレングスとアウトラインを設定。今回はネープの生え際から2cm程度（ネープで全体のレングスを決められる長さ）の長さで、水平のラインに。

3

2で決めた長さに合わせ、アンダーのバックセンターからブラントカット。真下にパネルを引き出し、垂直線に対して指1本分のグラを入れる。

4

バックセンター（1パネル目）のカットを終えた状態。この切り口（長さとグラ）をガイドにして、アンダーの左右をカットし、長さとグラをつなげていく。

5

4の切り口をガイドに、アンダーの左サイド側からブラントカット。オーバーダイレクションがかからないよう、しっかりまわり込んで切る。

6

アンダーの左サイド側のみ切り終えた状態。フロント側に長さが残っていないか、アウトラインが水平にカットできているかを確認。

7

続けてアンダーの右サイド側をブラントカット。バックセンターの長さとグラをガイドに、イヤーツーイヤー側にまわり込んで水平につなげる。

8

アンダーのベースカット終了の状態。アウトラインが水平になっているか確認。なおグラをつなげたため、両端が少し丸みを帯びている。

base cut 2
ミドル／グラデーション

続いては、ウエイトまわりの表情をつくるミドルのカット。すそまわりに厚みや重さ、自然な丸みが出るように意識しながら、アンダーから正確にグラをつなげていく。

9

ブロッキングしておいたミドル（バック～サイド）をほどいた状態。イヤーツーイヤーよりバック側は、1～8で切ったアンダーをガイドにカット。

10

バックセンターからカット。アンダーの切り口をガイドに、ブラントカットでグラをつなげる。なお、グラの角度はアンダーと同様、垂直線に対して指1本分。

11

ミドルの1パネル目、バックセンターを切り終えた状態。10でカットしたグラの段差幅が、アンダーのグラと平行になっているか確認しておく。

12

センターの切り口をガイドに、ミドルの左サイド側からイヤーツーイヤーまでをブラントカットでつなげる。アンダーと同様、まわり込んでカット。

13

センターからイヤーツーイヤーまで、長さと段差をカットし終えた状態。グラの段差幅などが、アンダーとしっかりつなげられているかを確認しておく。

14

続いてサイドのカットに移行。バックのミドルに入れたグラの延長線で、垂直線に対して指1本分のグラを入れつつ、アウトラインを水平に切る。

15

左サイドのアウトラインを決めた状態。ラインが水平になっているか、またサイドのグラがバックのウエイトから自然につながっているか確認。

16

バックのミドルは12と同様にカットし、続けて右サイドのアウトラインをカット。14と同様、垂直線に対して指1本分のグラをつなげる。

17

バックのミドル～サイドのカット終了の状態。両サイドの長さがそろっているか、バックからきれいにグラの段差幅がつながっているかを確認しておく。

18

バックのミドルの毛先をつまみ、セニングシザーズの刃先を使って毛量を調整。グラをつなげてできた毛先の厚みをぼかし、すそがおさまるようにする。

19

サイドも毛先をつまんでセニングシザーズを斜めに入れ、アウトラインの量感を調整。すそがきれいにおさまるよう、毛先をやわらかくしておく。

base cut 3

前髪〜オーバー／
長さ&ライン・グラ&レイヤー

フォルムの土台を切り終えたら、前髪のカットに移行。今回は「前髪の軽さ」がポイントになるので、まずは前髪の長さや厚みを決め、その後にオーバーをカットしていく。

20
オーバーの髪をおろし、前髪を分けとった状態。前髪は両目尻の幅に決め、トップポイントのやや前を基点に、三角形のセクションをとる。

21
前髪のセンターからパネルを引き出し、目の上ギリギリの長さでブラントカット。指1本分のグラ(左手中指を額につける)が入るようにカットする。

22
センターの切り口をガイドに、前髪の右サイド側をカット。パネルが中央に集まらないよう、額の丸さに合わせてまわり込み、21と同様にカット。

23
左サイド側も22と同様にカットし、前髪のベースカットが終了した状態。ラインがラウンド状になっていないか、水平なラインになっているか確認。

24
三角形にとった前髪のセクションの頂点から放射状にスライスをとり、ベースカットの切り口と平行に、毛先1/3にセニングカットを施す。前髪全体を同様にカット。

25
前髪をカット後、バックのカットに移行。バックセンターからパネルを引き出し、ミドルをガイドに、垂直線に対して指1本分のグラをつなげる。

26
ミドルとオーバーのセンターの切り口をガイドに、左サイド側を25と同様にカット。頭の丸みに合わせてまわり込み、水平な段差幅をつなげる。

27
サイドまで切り進める。内側とバックをガイドに、顔まわりまで垂直線に対して指1本分のグラをつなげていく。逆サイドも26、27と同様にカット。

28
つむじ付近からバックセンターに縦スライスをとり、オンベースにパネルを引き出して、表面に出てくるカドを削ってレイヤーを入れる。

29
28と同じく、つむじ周辺から放射状にスライスを展開させ、オンベースにパネルを引き出し、表面に出てくるカドをレイヤーで削る。

30
続けて放射状のスライスからオンベースにパネルをとり、レイヤーをつなげて表面のカドをとる。両サイドとも、前髪の際まで同様にカット。

base cut 4
ベースカット 終了

目指すボブの大枠が完成した状態。この状態から、ドライカットで要所に軽さを加え、ベースカットでつくったフォルムを活かしながら、「重軽のコントラスト」をつけていく。

32

31

dry cut 1
動きと軽さを加える

まずは均一な重さ、厚みのあるフォルムに対し、フロント側中心にすき間を加えていく。最終的に、ポイントとなる軽さを出す前髪とのバランスをふまえ、切り進める。

続けてサイドのイヤーツーイヤー側に、中間からスライドカットを施す。31と同様、ライン際にすき間をあけつつ、フォルムの厚みと量感を調整。

サイドの内側のアウトライン際に、浅めにスライドカットを施す。毛先にすき間をあけ、ブラントカットでつくったラインに透け感をプラス。

35

34

33

サイドの顔まわりと接する部分の毛束をとり、深めからスライドカット。顔まわりの毛流れや、肌の透け感を見ながら削る分量を調整。

続けて中間からカットした32の上から毛束をとり、毛先1/3にスライドカットを施し、フォルムの厚みや量感を調整しながら束感をつくる。

オーバーの内側、31でカットした部分の上から毛束をとり、中間からスライドカットを施す。削る部分が上下のセクションで重ならないようにカット。

38

37

36

37のとなりから引き出した毛束には、毛先1/3程度からスライドカットを施す。37、38のように、削る深さをランダムにして、動きと束感を出す。

オーバーの内側をスライドカット。ハチまわりの高さにスライスをとり、分けとった毛束の中間、長さの1/2程度の深さからスライドカットを施す。

バックはぼんのくぼの上にスライスをとって毛束を引き出し、中間からスライドカット。同じ深さから数カ所カットし、量感を調整して束感を出す。

dry cut 2
ラインの調整

最後の工程は、バックのすそや、前髪のラインの表情づくり。厚みや硬さが残っている部分を削りながら、コントラストが出るよう、施すカット技法を使い分けていく。

39 ウイッグを少し前に傾け、ネープの毛先にフリーハンドで浅めのチョップカットを施す。ハサミを縦〜斜めに入れ、刃先を使って内側のみ刻む。

40 前髪にチョップカットを施す。毛先はウエット時にセニングカットを施しているため、毛先をぼかすというより、すき間をつくる感覚でカット。

41 続けて深めにチョップカットを施す。ハサミを縦に深く入れ、切りすぎないようにしながら、根元付近からすき間をつくっていく。

42 毛先付近にチョップカットを施す。前髪には40〜42の工程をランダムに施し、すき間をつくりながら動きが出るようにし、軽さを出す。

43 最後に前髪から毛束をつまみ、縦にセニングシザーズを入れて、肌の透け感を調整。前髪の中で、束感にコントラストがつきすぎないようにする。

finish

ベースカット時につくったグラの重なりや、毛先中心に施したセニングカットの風合いを生かし、セクションごとにドライカットの構成を調整。軽さをつくるだけでなく、動きや束感、肌の透け方をコントロールすることで、重軽のコントラストをつけている。

"コントラスト"をつくるテクニック2
重い前髪×軽いアウトライン

次に解説していくのは、「design_1」とは逆に、
前髪に厚みや重さをつくりつつ、アウトラインを軽やかに仕上げたシンプルボブ。
こちらもまずはデザイン上のポイントや、各セクションのディテール紹介から始めます。

"コントラスト" design_2

重い前髪 × 軽いアウトライン シンプルボブ

[デザインのポイント]

「design_1」に比べ、レングスが短くなったシンプルボブ。コンパクトなスタイルの中で、どこにどんな重さをつくっているか、また軽さはどうやって出すかと、軽い部分と重い部分のバランスなどについて分析していきます。

前髪はラインの印象が強く、フラットで厚みを感じさせるデザイン。毛先に多少のすき間はあるものの、ブラントのラインとスリークな面の美しさで、重さが際立っている。

顔まわりは束感と、その重なりが強調されており、短いレングスの中に立体感を出している。フラットで硬質な前髪を、やわらかく包み込むような構成が印象的。

バックのネープ〜アンダーは、頭〜首にそわせたシルエットで、フォルムのウエイトポイントを強調。またこの構成が、短いレングスのボブに立体感をプラスしている。

表面は顔まわりほどではないものの、細かな束感が重ねられている。これによってミニマムなフォルムに立体感が加わり、内側でつくったウエイト感が強調されている。

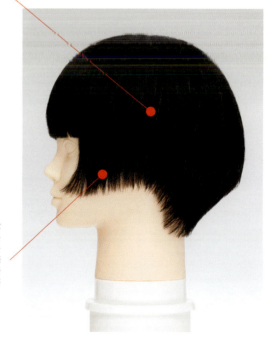

前髪とは逆に、サイド〜バックのアウトラインは肌を透けさせ、ラインの表情を残しながら、軽やかさを際立たせている。またこの表情がフォルムのフィット感の要因にも。

レングスは短めで、すそまわりはグラで構成するが、アンダーはレイヤーを入れてフラットにし、ミドル～オーバーでつくるウエイト感を強調する構成に。

[design_2 カットのプロセス構成]

ここからは、「design_1」と同様、右ページで分析したシンプルボブのカットプロセスを掘り下げていきます。カットの工程は、これまでと同様にウエットで行なうベースカットと、ドライカットの2段階。最初にしっかりとしたフォルムやシルエットをつくり、ドライカットで最終的な軽さ、動き、透け感などを調整して、ミニマムなボブにコントラストをつけていきます。

base cut 1
アンダー～ミドル／レングス&グラ・レイヤー

「design_2」もこれまでと同様、アンダーのカットからスタート。デザインの基準となるバックのアンダーとアウトラインから設定し、フォルムの土台をつくっていく。

1 全頭をブロッキング。「design_1」と同様、耳後ろからトップポイントを通るイヤーツーイヤーで前後に、フロント側を2段、バックを3段に分ける。

2 アンダーのバックセンターからパネルを引き出し、長さを生え際から1cm残してブラントカット。垂直線に対して指1本分のグラを入れる。

3 センターをガイドに、アンダーの左サイド側をブラントカット。頭の丸みに合わせてまわり込み、水平なラインとグラをつなげる。逆側も同様にカット。

4 アンダーにグラを入れたらレイヤーカットに移行。正中線に縦スライスをとり、生え際を厚みとして5mm残し、オンベースにパネルを引き出して切る。

5 2線目。4と平行に縦スライスをとり、オーバーダイレクションがかからないよう、オンベースにパネルを引き出して、4の切り口をガイドにレイヤーカット。

6 3線目は三ツ衿付近をカット。頭の丸みに合わせて縦にスライスをとり、オンベースにパネルを引き出して、5の切り口をガイドにレイヤーをつなげる。

7 4線目。ヘムライン周辺から縦にパネルを引き出し、6の切り口をガイドにレイヤーをつなげる。4～7はすべてオンベースでレイヤーをつなげる。

8 アンダーの左側にレイヤーを入れ終えた状態。生え際の形状が急激に変わる三ツ衿付近に厚みとカドができている。次の工程でこのカドを削る。

9
レイヤーを入れた部分全体をフォワード方向にとかした後、頭皮にそわせるようにして引き出し、出てきたカドを削る。逆側も5〜9と同様にカット。

10
レイヤーカット後、5〜7と同様に、縦スライスからオンベースにパネルを引き出し、切り口と平行にセニングカット。毛先中心に量感を調整する。

11
レイヤーカットの際、厚みとして残したネープの生え際の髪（厚さ5mm）をつまみ、縦にセニングシザーズを入れて、ブラントカットの切り口をぼかす。

12
バックのミドル〜サイドのブロッキングをほどいた状態。ここまでカットしてきたアンダーの切り口をガイドに切り進め、ウエイトとアウトラインをつくる。

13
ミドルのバックセンターに縦スライスをとり、引き出すパネルをリフトダウンさせ、アンダーの切り口をガイドにブラントカットでグラを入れる。

base cut 2
ミドル／グラデーション

続いては、フォルムのウエイトをつくるミドルのカットに移行。コンパクトに仕上げたアンダーをガイドに、シンプルな工程で、ミニマムかつ明確なウエイトをつくる。

14
2線目。縦スライスからパネルをとり、アンダーと13の切り口をガイドにグラをつなげる。スライスに対してオンベースに、リフトダウンさせてカット。

15
3線目。三ツ衿の延長上に、頭の丸みに合わせて縦スライスをとり、13、14と同様にカット。オーバーダイレクションがかからないようにグラをつなげる。

16
4線目。耳後ろ付近からはスライスを斜めにし、オーバーダイレクションがかからないよう、パネルをリフトダウンさせてグラをつなげる。

17
4線目。耳上付近から斜めにスライスをとり、16と同様、パネルはスライスに対してオンベースに、リフトダウンさせてグラをつなげる。

18
耳前付近の内側までグラをつなげた状態。耳後ろ〜耳上付近は斜めスライスで切ったため、グラと同時にアウトラインが切られている。

19
斜めスライスで切った16、17の切り口（内側）をガイドに、口角の高さに向けてカット。横にパネルをとり、少しリフトアップさせて切る。

20

サイドのグラは、内側（16、17の切り口）をガイドに、垂直線に対して指2本分リフトアップさせてカット。グラの角度を上げ、軽さのベースをつくる。

21

13〜15と同様に、縦スライスからパネルを引き出し、切り口と平行にセニングカット。バックセンターからイヤーツーイヤーまで、毛先のみ量感を調整。

22

イヤーツーイヤーから顔まわりまでのサイドには、毛先をつまんで縦〜斜めにセニングカットを施す。シザーズの刃先を使い、毛先のみ量感を調整。

> **base cut 3**
>
> 前髪〜オーバー／
> 長さ&ライン・グラデーション
>
> ベースカットの最後は前髪とオーバーのカット。前髪はサイドとのバランスに注意しながら切り、オーバー全体はフォルムの厚みやアウトラインにしっかりなじませていく。

23

オーバーと前髪のブロッキングをほどいた状態。前髪は両目尻の幅で、奥行きはトップポイントのやや前に設定し、三角形のセクションを分けとる。

24

前髪を放射状に、3つのセクションに分け、センターからカット。目の上ギリギリの長さで水平に、指1本分のグラが入るようにブラントカット。

25

頭の丸みに合わせてまわり込み、センターの切り口をガイドに長さとグラをつなげる。水平なラインにしたいため、中央へ集めないようにブラントカット。

26

オーバーはバックからカット。正中線上から横にパネルを引き出して、ミドルをガイドに、垂直線に対して指2本分リフトアップさせ、グラをつなげる。

27

2線目。頭の丸みに合わせてパネルをとり、26とミドルの切り口をガイドにグラをつなげる。引き出すパネルは垂直線に対して指2本分リフトアップ。

28

3線目。ミドルのカットでグラの入れ方を切り替えた、イヤーツーイヤーをまたぐようにしてパネルをとり、26、27と同様にグラをつなげる。

29

28の切り口をガイドに、引き出すパネルをリフトアップさせ、顔まわりまでグラをつなげる。内側に合わせ、アウトラインはやや前下がりにカット。

30

サイドの表面は内側と同様、垂直線に対して指2本分リフトアップさせて切り、アウトライン際の透け感や、表面の軽さのベースをつくる。

base cut 4

ベースカット 終了

目指すデザインの大枠が完成した状態。シルエットや軽さの土台はつくられているが、まだまだ均質な重さや厚みがあるため、ドライカットでディテールをつくっていく。

32

31

dry cut 1

アウトライン〜フォルム

まずはアウトライン際からアプローチし、徐々に上のセクションにハサミを入れ、フォルムの厚みや量感、束感を調整。スタイル全体に軽さと浮遊感をプラスする。

セニングカットで均一に透け感をつくった後、毛流れを整えてから浅めのチョップカットを施す。カットシザーズの刃先を使い、透け感を微調整。

サイドのアウトラインにセニングカットを施す。毛束をつまんでセニングシザーズの刃先を縦に入れ、すそまわりの透け感を均一に仕上げる。

35 34 33

表面からパネルを引き出し、手先に深めのチョップカットを施す。内側の軽さになじませつつ、やわらかさを加え、重い前髪とのコントラストを強調。

オーバーの内側、サイドに落ちる部分に中間からスライドカットを施して、量感を調整。フォルムの厚みを調整しつつ、束感や浮遊感をプラスする。

続けて深めにチョップカットを施す。浅め、深めリズム良くハサミを入れ、アウトラインの軽さや透け感、毛流れにメリハリをつける。

38 37 36

表面の髪を分けながら、フォルムの内側となる、ぼんのくぼの上付近をセニングカット。根元〜中間の毛量を減らし、アンダーのフィット感を高める。

オーバーのバック（表面）からパネルを引き出し、深めにチョップカットを施して、サイドの表面につくった軽さとなじませ、統一感を出す。

顔と接する部分から毛束をとり、深めからスライドカットを施して、顔まわりの透け感を調整。また重さを残す前髪とのコントラストを際立たせる。

> **dry cut 2**
>
> **ネープ&前髪**
>
> 最後の工程は、ネープと前髪のディテール調整。ライン際からアプローチし、それぞれの重さ、軽さを仕上げ、デザイン全体のコントラストや、質感のニュアンスを整える。

40 ネープのアウトライン際に、浅めのチョップカットを施す。リズム良くハサミの刃先を入れ、毛先のすき間を調整しながらフィット感を高める。

39 ネープ〜アンダーから毛束をつまみ、セニングカットを施す。ウエイト付近とのバランスを見ながら、すその軽さや透け感、やわらかさを調整。

43 前髪のラインを直線的に整えた後、シザーズの刃先のみを使ってライン際にチョップカットを施し(厚みはキープ)、硬さを少しやわらげる。

42 前髪は毛流れをスリークに整えた後、フリーハンドで毛先のライン際をカット。直線的なラインの精度を高め、同時に厚みと重さを強調する。

41 ヘムラインにも浅めのチョップカットを施し、ライン際の透け感を調整。ハサミの刃先を使ってランダムにすき間をつくり、首筋にフィットさせる。

finish

ベースカットでつくった厚みのバランスやシルエットを生かしながら、量感、束感、透け感をコントロールし、重軽のコントラストを強調。また肌と分離しがちな重い部分(前髪)は、周辺の長さやディテールの設計で、デザイン要素の1つとしてなじむようにしている。

まとめ

本章では「コントラスト」の表現を軸にした、
"脱鉄板ボブ"の組み立て方について解説しました。
コントラスト＝メリハリをつくる要素の1つとなる「重さ」と「軽さ」は、
施すテクニックによってその表情を変え、
デザイン上の役割も変わります。
つまり一手一手の技術はもちろん、コントラストの表現には、
セクションごとの「技術の組み合わせ」が何よりも大切になるのです！

次の章では、ボブの一部を
固定した状態から、全く違うデザインに
広げていく方法を解説します！

第6章
さらに役立つ！ 新ボブメソッドミニ講座

視覚的にわかりやすい、「コントラストが出にくい組み合わせ」はどれ？

- Ⓐ オーバーとアンダーで、重さと軽さを組み合わせる
- Ⓑ フロントとバックで重さと軽さを組み合わせる
- Ⓒ 前髪とフォルムで重さと軽さを組み合わせる

模範解答

正解は「A」。
髪は下に流れるため、「A」だとスタートパートの重量感がなくなって、コントラストが出にくくなります。一方、「B」と「C」は、それぞれのウェイトの髪が下に流れるため、コントラストを表現しやすいと言えます。

URESTA! 人気スタイリストへの近道シリーズ 18

似合わせ力を向上！
デザインの幅を広げる「新ボブメソッド」

―― 第7章 ――

新ボブ「似合わせ」講座3
「組み合わせ」で似合わせる

みなさん、ボブのデザイン幅が広がってきましたか？
最終章の講座は、デザインの「組み合わせ」によって"脱鉄板シンプルボブ"をつくるテクニックです。
このアプローチが、あなたのデザイン幅を、もっと広げます！

CONTENTS

第1章　Introduction～"鉄板脱出"のポイント
第2章　フォルム編：ウエイトコントロール
第3章　ディテール編：軽さと動きとテクスチャー操作
第4章　バランス編：長さとラインと重量感
第5章　新ボブ「似合わせ」講座1：「重いけど動く」を似合わせる
第6章　新ボブ「似合わせ」講座2：「コントラスト」を似合わせる
第7章　新ボブ「似合わせ」講座3：「組み合わせ」で似合わせる

Introduction
デザインの"組み合わせ"によって似合わせる

本章で掘り下げるのは、1つのデザインベースから幅広いシンプルボブを生み出すアプローチについてです。ボブのデザイン幅を広げるには、デザイン上の軸となる、フォルムやシルエットに変化を加えるのが近道。そして、それを効率的に実現できるのが、レングスやウエイトといった、ボブを構成する要素の一部を固定し、全く違うデザインを「組み合わせて」いくという考え方。ここではその一例として、「バックの長さとウエイトの土台」を固定し、ディテールやバランスを整えながら、イメージの異なる2つのボブにつなげていきます。こうしたアプローチをスムーズに行なうことができれば、ミニマムな工程でデザイン幅を広げていくことができるのです。

design sample 1

前下がり系ボブ

バックのウエイトラインは水平で(アウトラインはやや前上がり)、耳まわりからウエイト&アウトラインを前下がりに構成したシンプルボブ。バックのシルエットは自然な丸みが特徴的で、コンパクトなフォルムに。またすそまわりも自然におさまっている。

バックの長さ＆ウエイトの土台を固定して
2つのシンプルボブに落とし込む

バックのデザイン要素を全く同じ構成でつくった2つのボブ。
まずはこの2点のデザイン的な特徴から解説します。

固定する部分と変える部分、そのつくり分けができれば、デザインの幅は広がるのです！

design sample 2
前上がり系ボブ

ウエイトライン、アウトラインともに前上がりで構成したシンプルボブ。バックのウエイトラインやすそのフォルムは「design sample 1」と同様だが、ウエイトポイントを強調したシルエットに。また短い前髪と顔まわりの透け感で、重軽のメリハリを出している。

シンプルボブのデザイン幅を"組み合わせ"で広げるテクニック

ここからは、シンプルボブの一部を固定したまま全く違うデザインに落とし込むテクニックを、design sample1、2を例に紹介します。まずは「固定」する部分の設計について解説。レングスと、フォルムの土台を設計していきます。

この部分の
ベースを設計

[step 1]

バックのフォルムの土台をつくる

ここで「固定」するのは、ボブの要とも言える、バックのレングスとウエイトのベースとなるセクション。この部分（アンダー～ミドル）の長さ設定、グラデーションの入れ方など、フォルムの土台となるセクションの構成要素を共通させます。

1

2

base cut 1

アンダー／
レングス＆グラデーション

まずはデザイン全体の前提であるレングスと、アウトラインのベースとなるアンダーのカットからスタート。この工程で長さはもちろん、すその厚みのベースをつくる。

1 主題をハッキリ。耳後ろとこめかみの高さを中心に、耳後ろからトップポイントを通るイヤーツーイヤーで前後に分ける。

2 ネープの生え際から中心に長さを決め、レングスをカットする。垂直線に対して指1本分のグラが入るようにし、センターからブラントカット。

3

4

5

3 続けてヤンターで決めた長さをガイドに、左側をブラントカット。頭の丸みに合わせてまわり込み、水平なラインと、垂直線に対して指1本分のグラをつなげる。

4 3と同様に、右側もブラントカットでラインと段差をつなげる。オーバーダイレクションがかからないよう、頭の丸みに合わせてまわり込む。

5 バックのレングスと、すその厚みのベースとなるグラを入れ終えた状態。しっかりコーミングし、長さや段差幅にバラつきがないか確認しておく。

base cut 2
ミドル／グラデーション＆ウエイト

続いては、フォルムのウエイトの土台となる、ミドルのカットに移行。この部分の長さと段差の構成が、仕上がった時のフォルムの厚みやシルエットのベースとなる。

6 イヤーツーイヤーよりバックのブロッキングをほどいた状態。この部分は、すべてアンダーの長さや段差をガイドにして切り進める。

7 アンダーと同様、センターからカット。アンダーの長さをガイドにしつつ、下と同様、垂直線に対して指1本分のグラで長さと段差をつなげる。

8 続けて7の切り口とアンダーをガイドに、ミドルの左側からイヤーツーイヤーまでカット。頭の丸みに合わせてまわり込み、水平な切り口でつなげる。

9 ミドルの左側のみカットし終えた状態。アンダーに比べ、ミドルはカットする範囲がやや広くなるため、2回ほどに分けてカットしても良い。

10 8と同様、ミドルのセンターとアンダーをガイドに、右サイド側をカット。垂直線に対して指1本分の角度にパネルをとり、ブラントカットで切り進める。

base cut 3
バックのレングス＆ウエイトのベース設定終了

ここまでの工程が、2つのシンボルボブの共通プロセス。バックのレングスと、アウトラインの厚み、さらにはウエイトのベースとなる部分なので、正確に切れているかを確認しておく。

前下がり系 P112〜115

前上がり系 P116〜119

次のページからは、ここまでの工程でつくったフォルムの土台を生かし、前下がり系と前上がり系、2つのシンプルボブを仕上げていく。

この部分をつくる

前下がり系のボブをつくる [step2]

ここからは、前ページでつくったフォルムの土台を生かし、前下がり系のシンプルボブをカットしていきます。バックはコンパクトに、長さを残すフロントは「ゆらぎ」を重視した構成で、メリハリのあるデザインを目指します。

base cut 4-1 前下がり系

サイドのアウトライン設定＆量感調整

まずはサイドのアウトラインの角度と長さを設定。バックの長さやウエイトラインとバランスをとり、仕上がりをイメージしながらカットして、量感や質感もある程度整えていく。

1

サイドのブロッキングをほどき、アウトラインの角度と長さを設定。仕上がりをイメージし、こめかみ付近の長さをあご下4cm程度に決める。

2

ブロッキングしたサイド全体の髪を引き出し、垂直線に対して指1本分の角度でブラントカット。バックのアウトラインを基点に、あご下4cmに向けて切る。

3

サイドのアウトラインをカットし終えた状態。バックのミドルでつくった水平のアウトラインから、フロントに向け、自然な前下がりになっている。

4

この段階である程度量感を調整しておく。バックの正中線に縦スライスをとり、引き出したパネルの毛先1/3に、切り口と平行にセニングカットを施す。

5

顔まわりまで4と同様にセニングカット。バックのミドル〜サイドに縦スライスをとり、引き出したパネルの毛先1/3の量感を調整する。

6

イヤーツーイヤーよりバック側のオーバーをほどいた状態。まずは「フォルムの土台」としてつくったミドル〜アンダーをガイドに切り進める。

base cut 5-1 前下がり系

オーバー＆前髪／長さ＆段差設定

次にカットするのは、バック〜フロントのオーバー全体と、前髪。「共通部分」のバックのミドル〜アンダーとバランスをとり、段差と長さを決め、デザインの大枠をつくる。

7

バックセンターからパネルをとり、ミドルのグラをガイドにして、ミドル〜アンダーと同様、垂直線に対して指1本分の角度に引き出し、ブラントカットを施す。

10	9	8

前髪からカット。3つのセクションに分け、センターから目の上付近に毛先が落ちる長さで切る。つくる段差は指1本分で、まっすぐにおろしてブラントカット。	バックのオーバーを切り終えたら、イヤーツーイヤーよりフロント側のカットに移行。ブロッキングをほどき、前髪を両目尻の幅で分けとる。	左サイド側も垂直線に対して指1本分のグラでつなげる。センターとミドル切り口をガイドに、頭の丸みに合わせてまわり込んで水平に切る。右サイド側も同様。

13	12	11

前髪をカット後、イヤーツーイヤーよりフロント側をブラントカット。2で切った内側をガイドに、垂直線に対して指1本分のグラでつなげる。	前髪を3つのセクションに分けてカットし終えた状態。センターの長さが目の上あたりなのに対し、両端は目尻付近で、ややラウンド気味のラインに仕上げている。	前髪の左右はややセンター寄りに引き出し、10でカットした長さと段差につなげる。逆側も同様に、センター寄りに引き出してつなげる。

15	14	
		**base cut 6-1** **前下がり系** **オーバー／レイヤー&量感調整** グラデーションカットでフォルムの大枠をつくったら、表面のレイヤーカットに移行。かたちをコントロールしつつ、「ゆらぎ」や「透け感」のベースをつくっていく。
2線目。つむじ付近を基点に、放射状にスライスをとり、14と同様の角度にパネルを引き出して、14の切り口をガイドにレイヤーを入れて表面のカドをとる。	バックセンターからカット。つむじ付近から縦にスライスをとり、オンベースよりやや低めにパネルを引き出して、レイヤーを入れて表面のカドをとる。	

18	17	16

5線目。こちらも17と同様にオーバーダイレクションをかける。17と同じ位置に引き出し、1つ前のパネルの切り口をガイドにレイヤーをつなげる。	4線目。ここから後方にオーバーダイレクションをかける。1つ前のパネル（イヤーツーイヤー上でオンベース）の切り口をガイドに、レイヤーをつなげる。	3線目はイヤーツーイヤー上。放射状にスライスをとり、14、15と同様にパネルを引き出して、1つ前のパネルの切り口をガイドにレイヤーをつなげる。

19
6線目。こちらも後方にオーバーダイレクションをかけ、17、18と同じ位置に引き出してカット。16〜19の工程で、前下がりにレイヤーを入れる。

20
もみあげの延長上より顔側は、前方にオーバーダイレクションをかける。床と平行に近い角度でパネルを引き出し、レイヤーを入れて前上がりの段差幅に。

21
耳前付近にミドルとオーバーをまたぐようにスライスをとったら、パネルをリフトダウンさせて引き出し、内側のグラと表面のレイヤーとのカドを削る。

22
レイヤーカット後、14〜21と同様にスライスをとり、まずは正中線からパネルを引き出して、毛先1/3に、切り口と平行にセニングカットを施す。表面ははずす。

23
放射状にスライスを展開。パネルの引き出し方もレイヤーカットと同様に、表面をはずして切り口と平行に、毛先1/3にセニングカットを施す。

24
もみあげの延長上より顔側も、レイヤーカット時と同様にオーバーダイレクションをかけ、切り口と平行に、表面をはずして毛先1/3をセニングカット。

base cut 7-1
前下がり系

ベースカット終了

目指すボブの、ベースとなるフォルムが仕上がった状態。全体的に重さや厚みが残っているため、ドライカットで量感、透け感、毛先のニュアンスなどを仕上げていく。

25
オーバーのレイヤーを入れた部分に、深めにチョップカットを施す。スライス展開、パネルの引き出し方ともに、ベースカット時と同様に施術。

26
放射状にスライスをとり、深めにチョップカットを施す。毛先1/3はセニングカットが施されているため、刃先を深く入れ、軽さと重さをなじませる。

dry cut 1
前下がり系

オーバー

ドライカットの工程は、仕上がりの表情に直結するため、ベースカットとは逆に、オーバーからアプローチ。毛先の表情などに注意しながら切り進めるようにする。

dry cut 2
前下がり系

アウトライン～フォルムの内側

続いては、フォルムの内側になる部分へのドライカット。この工程では、スライドカットを採用し、仕上がり時のゆらぎや透け感に直結するすき間をつくっていく。

27
オーバーをはずし、サイドの内側に中間からスライドカット。顔まわりは残し、もみあげ側からシザーズを入れ、アウトラインにすき間をつくる。

28
続いて耳前付近の内側に、浅めにスライドカット。この後耳上付近に深めからスライドカットを施し、深め、浅め、深めとリズムをつける。

29
前後で量感が変わる耳後ろ付近（イヤーツーイヤー付近）は、中間からスライドカット。すき間をつくって抜け感を出し、前後の重量感をなじませる。

30
オーバーの内側にもスライドカットを施す。27、28と同様、顔側から深め、浅め、深めと、下と重ならないようにすき間をつくり、ゆらぎのベースをつくる。

31
バックにはおもに中間からスライドカットを施す。シルエットが崩れないよう、深め、浅めと交互に入れ、量感を減らしてフォルムの厚みを調整する。

dry cut 3
前下がり系

アウトライン～顔まわり

最後の仕上げは、すそまわりと前髪～顔まわりの表情づくり。顔や首へのフィット感を高めていきながら、ラインの精度を上げ、重さが残っている部分を削る。

32
バックのアウトラインをチェックカット。すき間によってゆらぎ、抜け感を出したフロント側に対し、こちらは厚みを強調したいので、ラインの精度を高める。

33
厚みが残っている前髪にチョップカットを施す。刃先を深め、浅め、ライン際と、ランダムかつリズム良く入れ、すき間をつくって肌の透け方を調整する。

34
前髪の毛先に、セニングシザーズの刃先を斜めに入れ、毛先をぼかす。ラインにやわらかさを出し、チョップカットでつくったすき間を肌になじませる。

35
顔と接する部分は残し、もみあげより顔側にスライドカットを施す。前髪の透け感と、フロント側のフォルムのゆらぎや透け感などとのバランスを調整。

全カット終了
仕上がりの別角度を120ページで解説

この部分をつくる

前上がり系のボブをつくる [step3]

次にカットしていくのは前上がり系のシンプルボブ。
バックのミドル〜アンダーで設計した、ウエイトの土台を活かしながら、
ミニマムなフォルムの中に、重さと透け感を両立させた、
コンパクトなボブをつくります。

base cut 4-2 前上がり系

サイドのアウトライン設定 ＆量感調整

こちらもまずは、サイドのアウトラインの角度と長さの設定から。バックの長さやウエイトラインとバランスをとりながら、前上がりの角度を決め、毛先の量感も整えていく。

2

ブロッキングしたサイド全体の髪を引き出し、垂直線に対して指1本分の角度でブラントカット。バックのアウトラインを基点に、鼻先に向けてカット。

1

サイドのブロッキングをほどき、アウトラインの角度と長さを設定。バックのアウトラインを基点に、鼻先に向かって前上がりになるラインをイメージ。

5

顔まわりまで4と同様にセニングカット。バックのミドル〜サイドに縦スライスをとっていき、引き出したパネルの毛先1/3の量感を調整。

4

アウトラインを決めたら毛先の量感を調整。バックの正中線に縦スライスをとり、引き出したパネルの毛先1/3に、切り口と平行にセニングカットを施す。

3

サイドのアウトラインをカットし終えた状態。バックのミドルでつくった水平のアウトラインから、フロントに向け、自然な前上がりになっている。

7

バックセンターからパネルをとり、ミドルのグラをガイドに、ミドル〜アンダーと同様、垂直線に対して指1本分の角度に引き出して、ブラントカットで段をつなげる。

6

イヤーツーイヤーよりバック側のオーバーをほどいた状態。まずは「フォルムの土台」としてつくったミドル〜アンダーをガイドに切り進める。

base cut 5-2 前上がり系

オーバー＆前髪／ 長さ＆段差設定

次はバック〜フロントのオーバー全体と、前髪をカット。「共通部分」としてつくったバックのミドル〜アンダーを基準に、まずは段差を積み上げ、デザインの大枠をつくる。

8

左サイド側も垂直線に対して指1本分のグラでつなげる。センターとミドルの切り口をガイドに、頭の丸みに合わせてまわり込んで水平に切る。右サイド側も同様。

9

バックのオーバーを切り終えたら、ブロッキングをほどき、前髪を両目尻の幅で分けとる。この後イヤーツーイヤーよりフロント側のカットに移る。

10

前髪全体を3分割し、センターからカット。長さは額の上下1/2に設定し、ラウンドのラインを意識しながら指1本分の段差がつくようにブラントカット。

11

前髪の左右はセンターに集めてカット。センターの切り口をガイドに、指1本分のグラが入るようにしつつ、端に長さを残し、ラウンド状にカットしていく。

12

逆側も11と同様にカットし、前髪の長さとラインを決めた状態。「design sample1」のボブより長さを短くし、ラウンドのカーブ具合は丸みを強くしている。

13

続いてオーバーのイヤーツーイヤーよりフロント側をブラントカット。2で切ったアウトラインをガイドに、垂直線に対して指1本分のグラでつなげる。

base cut 6-2
前上がり系

オーバー（フロント側）／レイヤー&量感調整

フォルムの大枠ができたら、耳上より顔側のフォルムの厚みを調整するため、レイヤーカットを施す。ただしバックは重めに仕上げたいため、これ以上段を入れない。

14

耳上より顔側の髪は前方にオーバーダイレクションをかけ、リフトダウン。耳上の長さを切り始めのガイドにし、レイヤーを入れる（切り終わりのガイドはなし）。

15

サイドに斜めスライスをとってオーバーダイレクションをかけ、表面側を14よりややリフトアップさせ、内側を切り始めのガイドにレイヤーをつなげる。

16

15の上に、横に近い斜めスライスをとってオーバーダイレクションをかけ、表面側を15よりリフトアップ。内側を切り始めのガイドにしてレイヤーを入れる。

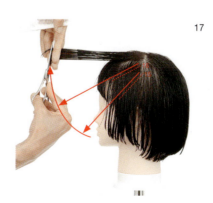

17

表面の髪を16よりリフトアップし、床と平行に引き出して、内側の長さをガイドにレイヤーをつなげる。14〜17の工程で、顔まわりに丸くレイヤーを入れる。

18

顔まわりに丸くレイヤーを入れ終えた状態。耳上より顔側に段を入れることで、フォルムが少し薄くなり、バックの厚みとコントラストができる。

19

イヤーツーイヤーをまたぐように、表面をR状にコーミング。髪を曲げるようにコームを通し、前後で段差の構成を変えた、耳上付近からカドを出す。

20

19のコーミングでピックアップしたカドをカット。バックのグラと、耳上より顔側に入れたレイヤーとのカドをとることで、フォルムに一体感を出す。

21

オーバーのバックセンターに縦スライスをとり、表面をはずして毛先1/3にセニングカットを施す。グラの切り口と平行に、毛先のみ量感を調整。

22

イヤーツーイヤーまでは21と同様、オンベースでセニングカットを施すが、耳後ろ付近からは前方にオーバーダイレクションをかけ、毛先1/3の量感を調整。

23

ベースカットと同様、オーバーダイレクションをかけつつ徐々にパネルをリフトアップさせながら、レイヤーの切り口と平行に、毛先1/3をセニングカット。

24

表面のパネルは床と平行に引き出して、毛先1/3にセニングカット。表面をはずし、丸くつなげたレイヤーの切り口に合わせて毛先の量感を調整する。

base cut 7-2
前上がり系
ベースカット終了

目指すボブのシルエットがほぼ完成した状態。ただし、全体の重さにメリハリが乏しいため、ドライカットで量感、動き、透け感などを整え、重量感にコントラストをつけていく。

25

オーバーのセニングカットを施した部分に、深めにチョップカットを施して、毛先の軽さをなじませる。まずはバックセンターに縦スライスをとってカット。

26

オーバー全体に、放射状にスライスを展開させ、25と同様に深めにチョップカット。ベースカットで量感を調整した毛先をフォルムになじませる。

dry cut 1
前上がり系
オーバー

前下がり系と同様、こちらもオーバーからドライカット。まずは表面の軽さや毛先の動きをつくり、その後フォルムの内側、すそまわりのニュアンスを整えていく。

27

グラを入れたバックのミドルに縦スライスをとり、深めにチョップカット。アンダーの厚みは残し、イヤーツーイヤーよりバック側のミドルのみ同様にカット。

28

オーバーのフロント側、ベースカット時にレイヤーを入れた部分に深めのチョップカットを施す。軽さの出るレイヤー部にすき間をつくり、動きや透け感を調整。

> **dry cut 2**
> **前上がり系**
>
> **フォルムの内側〜アウトライン**
>
> 表面の量感やニュアンスを調整後、内側の量感と、アウトラインの軽さ、透け感、動きを仕上げていく。なおここでは、ベースカットでつくった段に合わせて切り方を使い分ける。

29

イヤーツーイヤーより顔側のアウトラインにチョップカットを施し、毛先にすき間をつくる。まずは浅めにチョップカットを入れ、ラインの厚みをやわらげる。

30

続けて深めにチョップカットを入れ、すき間をつくって軽さを出す。これでフォルムの厚みややわらかさを整えつつ、髪に動きが出るようにしておく。

31

アウトラインの毛流れを整え、フリーハンドで浅めにチョップカットを施し、毛先をぼかして肌へのフィット感を上げる。アウトラインは29〜31の工程で仕上げる。

32

グラのみで構成し、重さを残したバックのアウトライン際に、縦にセニングシザーズを入れてカット。これで厚みのあるラインにやわらかさを出す。

33

こちらもグラのみで構成した前髪をコームで持ち上げ、毛先にセニングカットを施す。ラインの厚みを調整しつつ、硬さが残っている毛先にやわらかさを出す。

> **dry cut 3**
> **前上がり系**
>
> **アウトライン〜顔まわり**
>
> 最後の仕上げはすそまわりと顔まわりのニュアンスづくり。顔や首へのフィット感を高めながら、デザイン上のねらいがしっかりと出るよう、重さや軽さ、透け感を整える。

34

毛先をセニングカットでぼかした後、毛流れを整えてから、フリーハンドでチョップカット。浅め、深め、浅めとランダムに施し、肌の透け方や軽さを調整。

35

顔と接する部分は残しつつ、顔まわりにかかる部分にスライドカットを施す。毛先中心にすき間をつくり、量感や動き、肌の見え方を調整。

全カット終了
仕上がりの別角度を
121ページで解説

[step4]
前下がり系と前上がり系 2つのボブのデザイン的な違い

最後に「前下がり系」と「前上がり系」の2つのボブを、施したテクニックをふまえながら解説していきます。スタイルの要となる部分を「固定」すれば、安定感を確保しつつ、ここまでデザイン幅を広げることができるのです。

design sample 1
前下がり系ボブ

finish

フロントビュー

フラットで、厚みと透け感を両立させている前髪と、立体的に軽さが重なっている顔まわりとで、重量感や立体感のコントラストがつくられている。また、顔まわりにかかる毛束越しに、厚みのあるバックのフォルムが見えるため、奥行きと動きが際立ちつつ、安定感のある仕上がりになっている。

サイドビュー

バックは表面にレイヤーを入れたため、フォルムの高い位置がアタマにになり、コンパクトで自然な丸みのあるシルエットに。フロント側は硬質になりがちな前下がりだが、レイヤーとスライドカットの組み合わせによって、やわらかいニュアンスが表現されている。

バックビュー

真後ろから見たシルエットは「前上がり系」とかなり近い。ただし、サイドビューだとシルエットがフラット寄りに見えるが、バックビューだと表面に入れたレイヤーが効き、「前上がり系」よりややウエイトラインが低くなって見える。

design sample 2
前上がり系ボブ

フロントビュー

丸いシルエットが特徴的な仕上がり。フォルムに厚みがあり、ウエイトポイントも明確なため、全体的に重さを感じさせるものの、前髪の長さや透け感、ほおにかかる部分の表情などによって、顔と頭にフォルムがしっかりとフィット。またそうした顔の見せ方によって、コンパクトな印象になっている。

サイドビュー

バックは「共通」部分の構成の延長で、表面までグラをつなげているため、重さと厚み、ウエイト感がしっかりと出ている。ただしドライカットでつくったすき間が表面にやわらかさを与え、また顔まわりの軽さ、肌の透け感との調和をとっており、一体感のある仕上がりに。

バックビュー

真後ろから見たシルエットは「前下がり系」とかなり近い。ただしアンダーからオーバーまでグラで構成し、フォルムを薄くするレイヤーを入れていないため、厚みと重さが際立ちつつ、「前下がり系」よりウエイトラインがやや高く見える。

finish

まとめ

最終章となる本章では、
デザイン設計の一部を「固定」して、
そこから全く違う2つのシンプルボブへとデザインを広げていきました。
やみくもに全体の設計を変えるより、こうしたアプローチのほうが、
効率的に「デザインの幅を広げる」ことができるのです。
「新ボブメソッド」でお伝えしたかったのは、似合わせるため、
デザイン幅を広げるために必要なのは、
突飛な技術や発想だけではない、ということ。
シンプルな技術、デザインの構成に、
ちょっと工夫を加えるだけで、あなたのボブは変わります！

最後まで読んでいただき、ありがとうございました！
「新ボブメソッド」を活用し、みなさんの
「オリジナリティ」を開拓してください！

第7章
さらに役立つ！ 新ボブメソッドミニ講座

ウエイト感を低い位置で際立たせたい時、どこをどうすれば良い？

- **A** ワンレングスの厚みを多めに組み込む
- **B** 下からグラをつなげ、オーバーにレイヤー入れる。
- **C** 下からグラをつなげ、オーバーに深めのチョップカットを施す
- **D** 下からグラをつなげ、オーバーに深めからスライドカットを施す

複数回答可。

模範解答

正解は「B」「C」「D」。
「A」のアプローチだと、小まとまりなくらいのラインの印象が強まって平坦になる。下側の重さが強調されるのでの「B」は上側がブラつくため、下側の重さが強調される○。「C」は筆量感がほぐけることで下側の重さが強調されるが、「D」はアウトラインの上側がソリッドにない、下側の重さが際立つため、それぞれ正解となります。

EPILOGUE

シンプルボブには時代に左右されない"スタンダードな美"があります。それでも「いつもと同じ」では、いつか必ず飽きられます。サロンワークでは、ベーシックな「鉄板ボブ」の精度を上げながら、バリエーションを広げ、お客さま1人ひとりにフィットさせること、その人のためだけのデザインを提案し続けることが大切です。この本は、そうした時に必要となる、デザインとテクニックの基準値になります。お客さまでもウイッグでも、素材の条件が変われば、施すべき技術やデザイン設計に微調整が求められるはず。でも、その基準値をしっかりおさえておけば、ミニマムな発想とプロセスだけで、シンプルボブに特別感を加えることができるのです。「いつもと同じボブ」を「特別なボブ」に進化させ、"スタンダードな美"そのものを前進させていきましょう。この「新ボブメソッド」が、読者のみなさんにとって、ボブのバリエーション強化やオリジナリティの具体化につながれば幸いです。

森 福充 [HEAVENS]

森教授流「新ボブ」
INDEX

第1章

第2章

第3章

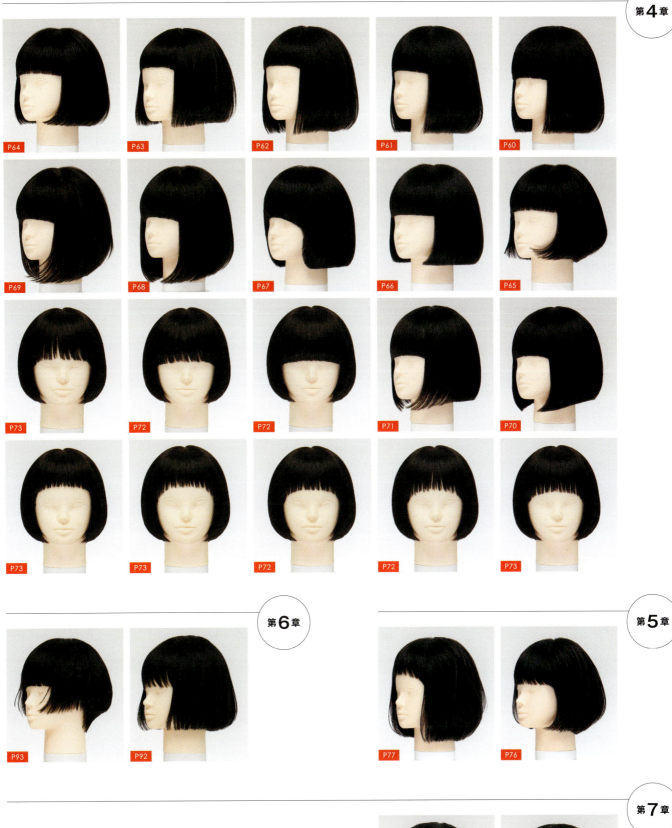

HAIR MODE URESTA！ 人気スタイリストへの近道シリーズ

人気スタイリストたちの「売れる」サロンテクニックを大公開

vol.04 ゾーンカット編

お客さまの悩みをよみとり対応するための「考える力」を養い、ゾーンによる削ぎのカットテクニックを習得することで、お客さまが抱える髪のコンプレックスを解消できます。

ゾーンで考える
削ぎのカットテクニック
西田 斉[Bond 侍庵]
本体2,500円＋税

vol.03 まとめ髪編

お客さま1人ひとりで異なる顔骨格の診断方法から、それをまとめ髪のフォルムづくりに落とし込むまでを徹底網羅。顔骨格からのデザイン発想が確実な似合わせを実現します。

顔骨格から考える
まとめ髪のフォルムプランニング
大川雅之[TAYA]
本体2,500円＋税

vol.02 ヘアカラー編

テクニック、薬剤、お客さまからの要望など、複雑になりすぎたヘアカラーをMINX長崎氏がわかりやすく解説。お客さまの心をつかむ、成功するヘアカラーのツボを大公開します。

「どうして？」を考えよう
成功するヘアカラー
長崎英広[MINX]
本体2,500円＋税

vol.01 ベーシックカット編

8つのベーシックスタイルをマスターし、それを組み合わせることでデザインを構築する。スタイルを「型」と「形」で考えることにより、あなたのヘアデザインが劇的に変わります。

「型」と「形」で考えよう
売れるカットの絶対ベーシック
福井達真[PEEK-A-BOO]
本体2,500円＋税

vol.08 サロンワーク編

スキルを確実に届ける「営業力」が身につけば、売上50万円アップは決して夢ではありません！平田 理氏がサロンワークで実践している、お客さまの心をつかむ工夫の数々を一挙大公開！「営業力」がしっかり身につきます。

リノベーションで考えよう
50万円アップを叶える技術と営業力
平田 理[J's]
本体2,500円＋税

vol.07 トータルバランス編

ヘアとメイクはファッションに影響されて成り立っているもの。ヘア・メイク・ファッションの"美バランス"を学ぶことで、お客さまの魅力を最大限に引き出すトータルコーディネイト力を養成します。

マトリックスで考える
売れる美バランス
朝日光輝[air]
本体2,500円＋税

vol.06 スタイリング編

売れるスタイリストの秘訣、それはスタイリング上手であること。詳細なアイロンテクニックを中心に、もっとかわいく、もっと美しく仕上げることで、お客さまの心をつかみ再来店へと導きます。

アイロンでもっとかわいいをつくる
売れるスタイリング術
宮村浩気[Xel-Ha]
本体2,500円＋税

vol.05 パーマ編

「パーマは苦手かも……」というあなたに朗報！パーマプロセスを整理して考え、段取りやコツを押さえるだけで、デザインの幅が広がるパーマが身につき"苦手"が"得意"に変わります。

パーマ脳を鍛えよう！
苦手じゃなくなるプロセス整理術
小林知弘[kakimoto arms]
本体2,500円＋税

vol.12 スライス編

スライスの取り方にスポットをあて、美しく効率的なスタイルづくりを解説します。基礎から応用まで、全18スタイルを徹底解説。「ただいまカット勉強中」のあなたも、「カットは得意だけれども、もう一皮むけたい！」あなたも。

正確なフォルムコントロールのための
スライス徹底マスター
古城 隆[DADA CuBiC]
本体2,500円＋税

vol.11 レザーカット編

「速い」「やわらかく切れる」と、近ごろますます注目を集めるレザーカット。ハサミとの違い、レザーの基本的な使い方といった基礎から、素材に応じた対応法までを、10年以上愛用している三好氏がわかりやすくレクチャー。

サロンワークでホントに使える
特効！レザーカット講座
三好真二[LILI]
本体2,500円＋税

vol.10 アレンジ編

求めるイメージへ導くバランス感覚や、絶妙なくずし加減など、いまどきのアレンジテクニックが満載。技術解説に加え、お客さまの好みやTPOに合ったデザインを提供するためのカウンセリング法まで、徹底解説。

女の子の心をつかむ
ハッピー☆アレンジ
CHIE・CHII[ANTI]
本体2,500円＋税

vol.09 ヘアカラー編

vol.02の『成功するヘアカラー』で学んだことをベースに、よりサロンワークにフォーカスした内容でお届け。シングルカラーとホイルワークに的をしぼって、成功するヘアカラーの秘訣を徹底紹介。

時間とプロセスをコントロール
続・成功するヘアカラー
長崎英広[MINX]
本体2,500円＋税

vol.16 グレイカラー編

白髪に悩む女性の6割近くがホームカラーのみ、もしくはサロンカラーと併用しています。この1冊では「ホームカラー併用を前提としたサロンカラー」を提唱する新発想のグレイカラーテクニックを学べます。

ホームカラー併用のための
新発想グレイカラーレッスン
岩上晴美[kakimoto arms]
本体2,500円＋税

vol.15 ストレートパーマ編

ストパーは真っ直ぐにするだけでなく、クセをコントロールし質感を整える、パーマと組み合わせるなど、今やスタイル作りに欠かせない技術。最新知識と技術を学び、トレンドスタイルに活用できます。

スタイルづくりの武器になる
ストレートパーマ完全攻略法
福島康介[mazele HAIR]
本体2,500円＋税

vol.14 ベーシックカット実践編

ウィッグで習ったことを人頭で実践したときの微妙なずれや失敗。その原因を解き明かし、解決に導くカット本です。ベーシックでありながら、徹底的に人頭対応で、カットのコツやテクニックが満載です。

サロンで使えるベーシック
カットの失敗まるっと解決
福井達真[PEEK-A-BOO]
本体2,500円＋税

vol.13 毛髪科学編

お客さまへのカウンセリングやアドバイスを想定した内容で、挿絵イラストつきで読みやすい誌面構成になっています。読んだその日から、"サロンワークで使える"薬剤や毛髪構造の基本知識が身につきます。

サロンワーク発想だからわかる！
きほんの毛髪科学
ルベル／タカラベルモント㈱
本体2,500円＋税

coming soon

coming soon

特訓編

知識ゼロでも、やさしく読めてどんどん上達できる振袖着付のテキスト。きものに親しみ、作業の意味を知ることで、着付技術は身につくもの。これ一冊で成人式の振袖着付の技術が完全にマスターできます。

ゼロからはじめる
成人式の振袖着付
荘司礼子[国際文化理容美容専門学校渋谷校・校長]
本体1,200円＋税

vol.17 小顔カット編

あらゆる顔型に応用できる顔立ち補正術「小顔カット」。サロンワークで必須の技術です。本書では、"顔＝正面"を起点にしたデザイン理論とテクニックを徹底習得。あなたのサロンワークが劇的に変わります。

売れる！使える！
小顔カット徹底講座
塚本 繁[K-two]
本体2,500円＋税

BASIC OF BASIC series
ベーシック・オブ・ベーシックシリーズ

すぐに学べてずっと使える、1ブック×1テクニックの基礎講座

すぐに学べてずっと使える、ベーシックテキストの決定版がついに誕生！vol.01はワンレングスがテーマ。「カットの基礎知識」、「水平ボブ」、「前下がりボブ」を徹底的にマスターできます。

vol.01 カット〈ワンレングス〉
技術解説／舞床 仁・飯田健太郎
[PEEK-A-BOO]
本体952円＋税

vol.02はグラデーション（前下がり）を徹底指導。「前下がりローグラデーションボブ」、「グラデーションボブ」、「前下がりショート」を集中レッスン。初心者の練習にも、上級者の復習にも。

vol.02 カット〈グラデーション（前下がり）〉
技術解説／舞床 仁・飯田健太郎
[PEEK-A-BOO]
本体952円＋税

vol.03はグラデーション（前上がり）をテーマに、「ロングレイヤー」、「イサドラ」、「マッシュショート」の完全マスターを目指します。グラデーションの苦手意識が克服できる充実の内容です。

vol.03 カット〈グラデーション（前上がり）〉
技術解説／舞床 仁・飯田健太郎
[PEEK-A-BOO]
本体952円＋税

vol.04では、レイヤーを徹底的に学んでいただきます。「ショートレイヤー」、「ミディアムレイヤー」、「前下がりレイヤー」といった基本となるデザインの要点を再確認し、基礎をしっかり見直しましょう。

vol.04 カット〈レイヤー〉
技術解説／舞床 仁・飯田健太郎
[PEEK-A-BOO]
本体952円＋税

vol.05は、これまで学んできたワンレングス、グラデーション、レイヤーの技術を組み合わせてつくる「ミックススタイル」について学びます。スタイルバリエーションの広げ方が身につきます。

vol.05 カット〈ミックススタイル〉
技術解説／舞床 仁・飯田健太郎
[PEEK-A-BOO]
本体952円＋税

vol.06からはパーマ編がスタート。「ひとつのカットベースからJカールとWウエーブのパーマデザインをつくる」をコンセプトに、vol.06では、ローレイヤーとハイレイヤーからのパーマ技術を解説します。

vol.06 パーマ〈レイヤー（上）〉
技術解説／岩上昌弘
[MAGNOLiA]
本体1,400円＋税

vol.07は、ショートレイヤーのカットベースから、JカールとWウエーブのデザインのつくり方を解説しています。加えて、パーマに欠かせない「ケミカルの基礎知識」も紹介しています。

vol.07 パーマ〈レイヤー（下）＋ケミカル知識〉
技術解説／岩上昌弘
[MAGNOLiA]
本体1,400円＋税

前上がりと前下がりのグラデーションのカットベースに、それぞれJカールとWウエーブをどうつくれば良いかを解説しています。セクションごとの解説で、実践に即役立つ内容になっています。

vol.08 パーマ〈グラデーション〉
技術解説／岩上昌弘
[MAGNOLiA]
本体1,400円＋税

ヘアスタイルの特徴や目指す仕上がりに応じて、プレドライ～ブラシワークまで、基礎技術を徹底解説。vol.09は、グラデーションスタイルを解説します。

vol.09 ブロー〈グラデーション〉
技術解説／土屋信也・長塩 雅
[ZA/ZA]
本体1,400円＋税

幅広い世代のお客さまに通用するブローテクニックの基礎をオールカラーで解説。ブロー初心者も、学び直したいベテランも。vol.10は、レイヤースタイルを解説します。

vol.10 ブロー〈レイヤー〉
技術解説／土屋信也・長塩 雅
[ZA/ZA]
本体1,400円＋税

待望のヘアカラー編が登場。ヘアカラーに必要な基礎知識から、リタッチに必要な技術、バージン毛へのワンメイク術まで、絶対に知っておきたいヘアカラー情報が満載です。

vol.11 ヘアカラー〈リタッチとワンメイク〉
技術解説／imaii
本体1,400円＋税

「リタッチ（ツータッチ）」「既染部への対応」「酸性カラー」「ブリーチ」の全4章。今さら聞けないヘアカラーの基本技術を、見やすい写真と分かりやすいイラスト等で細かく解説しています。

vol.12 ヘアカラー〈さまざまな塗布方法〉
技術解説／imaii
本体1,400円＋税

ヘアカラーデザインに欠かせない技法「ウィービング」を基礎から徹底マスター。チップのとり方や塗布の仕方から、ホイルのたたみ方まで、押さえておきたいポイントとともに紹介します。

vol.13 ヘアカラー〈ウィービング〉
技術解説／imaii
本体1,400円＋税

髪を部位ごとに染め分ける技法「エリアワーク」には、ウィービング以外にもさまざまな方法が存在します。効果やポイントが異なるそれらの学び、組み合わせて仕上げるまでを徹底解説！

vol.14 ヘアカラー〈さまざまなエリアワーク〉
技術解説／imaii
本体1,400円＋税

待望のアップ編が登場。ホットカーラーの巻き方やブローの仕方を含めた、アップスタイルをつくる前の「仕込み」から、ていねいに解説。

vol.15 アップ〈一束＋スパイラルカール〉
技術解説／高畑克己・久保一三
[FEERIE]
本体1,100円＋税

15巻で学んだ「一束」の応用である「ひねり一束」と、夜会巻きの入門編ともいえる「重ね夜会」のつくり方を学びます。さらに、三つ編み、編み込み、ロープ編みなども細かく解説。

vol.16 アップ〈ひねり一束＋編み込み〉
技術解説／高畑克己・久保一三
[FEERIE]
本体1,100円＋税

17巻からは、内側にすき毛を入れて結いあげるスタイルを学びます。基本的な「一束」と、バックをひねり上げる「ひねり一束」のスタイルを紹介。ブラッシングのコツや、すき毛の成形方法も。

vol.17 アップ〈一束（すき毛あり）〉
技術解説／高畑克己・久保一三
[FEERIE]
本体1,100円＋税

バックの毛束を重ね合わせる「重ね夜会」と、土台をゴムで結んでつくる「本夜会」のスタイルを解説。バックの毛束を上げるときの立ち位置や、仕上げるスタイルに合わせたすき毛の成形方法も。

vol.18 アップ〈夜会（すき毛あり）〉
技術解説／高畑克己・久保一三
[FEERIE]
本体1,100円＋税

ベースメイク、チーク、アイブロー、リップメイク、アイメイクそれぞれの基礎的な技術をマスター。質感やかたちの異なるバリエーションも紹介し、それらのプロセスまでしっかり解説します。

vol.19 メイクアップ〈基礎〉
技術解説／鈴木節子
[SHISEIDO]
本体1,400円＋税

第19巻で学んだ各パーツメイクのテクニックを効果的に組み合わせながら、イメージ別メイクアップを仕上げます。また、大人世代に向けた「エイジングメイクアップ」の考え方とテクニックも学びます。

vol.20 メイクアップ〈応用〉
技術解説／鈴木節子
[SHISEIDO]
本体1,400円＋税

profile

森 福充 [HEAVENS]
Yoshimitsu Mori

もり・よしみつ／1978年生まれ。福島県出身。真野美容専門学校卒業後、『HEAVENS』入社。現在、同店ディレクターを務める。

Special Thanks

ウイッグ協力_㈱ユーロプレステージ
photo_Seiji Takahashi [JOSEI MODE]
book design_store inc.

似合わせ力を向上!
デザインの幅を広げる「新ボブメソッド」

2016年9月25日　初版発行

[定価] 本体2,500円＋税
[著者] 森 福充 [HEAVENS]
[発行人] 寺口昇孝
[発行所] 株式会社女性モード社
〒161-0033　東京都新宿区下落合3-15-27
TEL.03-3953-0111㈹　FAX.03-3953-0118
〒541-0043　大阪市中央区高麗橋1-5-14・603
TEL.06-6222-5129　FAX.06-6222-5357
http://www.j-mode.co.jp
[印刷・製本] 株式会社千代田プリントメディア

©HEAVENS CO., LTD.
Published by JOSEI MODE SHA CO., LTD.
Printed in JAPAN
禁無断転載